AF645461

Lotti und Otto

Neue Geschichten

über Jungssachen und Mädchenkram

Lotti und Otto
Neue Geschichten über Jungssachen und Mädchenkram
ISBN 978-3-96129-235-6

Edel Kids Books
Ein Verlag der Edel Verlagsgruppe
© Edel Verlagsgruppe GmbH, Kaiserstr. 14b, 80801 München
www.edel.com

1. Auflage 2022
Text: Collien Ulmen-Fernandes
Illustration und Layout: Carola Sieverding
Umschlaggestaltung: Vanessa Weuffel
unter Verwendung einer Illustration von © Carola Sieverding
Lektorat: Stefanie Böhm
Satz: Büro 18, Friedberg / Bay.
Herstellung: Frank Jansen
Druck und Bindung: Lanarepro, I-Lana

Alle Rechte vorbehalten. All rights reserved.
Das Werk darf – auch teilweise – nur mit Genehmigung des Verlages wiedergegeben werden.

Printed in Italy

Collien Ulmen-Fernandes
Carola Sieverding

Lotti & Otto

Neue Geschichten über Jungssachen und Mädchenkram

EDEL KIDS BOOKS

Inhalt

Der Rülpswettbewerb

Es hätte ein ganz normaler Nachmittag im Otterbacher Wald werden können. Die Vögel zwitschern, die Grillen zirpen, die Bären brummen. Also alles wie immer. Wäre da nicht die Tatsache, dass Otto ziemlich im Schlamassel steckt. Er steht am Flussufer und überlegt, wie er doch noch aus der Sache herauskommt, in die er da hineingeraten ist. Er könnte sich wirklich einen schöneren Zeitvertreib vorstellen als einen Rülpswettbewerb!

Alle Augen sind auf ihn gerichtet: die von Wolf Wulf und von Iggy und Pop, den Igel-Zwillingen. Neuerdings begeistern sich seine Freunde sehr für Wettbewerbe aller Art. Leider findet Otto Wettbewerbe schrecklich. Zumindest die, die Wulf vorschlägt.

»Können wir nicht einen Backwettbewerb veranstalten?«, fragt Otto zögerlich. Er hält eine Dose Froschteich-Limo in der Hand. Kleine Blasen steigen auf und knistern an der Oberfläche. Damit soll man angeblich rülpsen können wie ein Weltmeister.

»Ein anderes Mal vielleicht«, sagt Wulf und sieht Otto ungeduldig an. »Na los! Wir brauchen einen Gewinner!« Aber Otto rührt sich nicht.

»Dann fange ich eben an!«, sagt Wulf, nimmt einen großen Schluck von seiner Froschteich-Limo und lässt einen sehr eindrucksvollen Rülpser los. Er ist so laut, dass hinter ihm eine Eule erschrickt und mit einem lauten Plumps vom Baum fällt. Zum Glück landet sie in einem Laubhaufen. Sie rappelt sich auf, starrt die vier einen Moment lang mit vorwurfsvoller Miene an, schuhuuut laut und flattert wieder auf den Baum.

»Stark!«, sagt Pop anerkennend. »Jetzt bin ich dran!« Er trinkt von seiner Limo und rülpst die ganze A-Dur-Tonleiter. Rauf und runter. Die anderen klatschen beeindruckt.

Dann richten sich alle Augen auf Otto. Er sieht, wie Iggy das Gesicht verzieht. Bestimmt kann er kaum erwarten, endlich sein Können zu zeigen.

Otto seufzt. Er wüsste eine, die bei diesem Spiel unschlagbar wäre: seine beste Freundin Lotti. Mühelos würde sie die anderen in die Tasche stecken. Oder in die Tasche rülpsen. Dann könnten sie endlich etwas anderes machen. Leider musste Lotti heute zum Zahnarzt und konnte nicht am Rülpswettbewerb teilnehmen. »Warum muss es denn unbedingt immer einen Gewinner geben?«, fragt Otto, um die anderen abzulenken. Denn da ist noch ein Problem: Er kann gar nicht rülpsen. Immer, wenn er es versucht, muss er stattdessen niesen. Aber wenn die anderen das mitbekommen, lachen sie ihn sicher aus.

»Sonst hätte der Wettbewerb doch gar keinen Sinn!«, antwortet Wulf. Er sieht sich schon als Gewinner. Eigentlich gewinnt er jedes Mal. So richtig Spaß macht es nicht, gegen ihn anzutreten. Otto fallen keine Fragen mehr ein, mit denen er das Unausweichliche noch hinauszögern könnte. Also nimmt er einen Schluck von seiner Froschteich-Limo. Es kitzelt in seiner Nase. Warum kann das hier kein Nies-Wettbewerb sein? Er würde gewinnen! Er öffnet den Mund und erwartet einen kläglichen Ton. Doch zu seiner eigenen Überraschung ertönt ein ottergigantomanisch lauter Rülpser. Der Boden bebt. Na ja, zumindest fast. Die anderen schauen ihn voller Ehrfurcht an. »Wow!«, ruft Iggy. Sogar Wulf muss widerstrebend zugeben, dass Otto heute der Gewinner ist.

Plötzlich ertönt eine Stimme aus den Tiefen des Waldes: »Wuu-huulf! Abendessen!« Wulf verabschiedet sich und macht sich auf den Weg.

»Wir sollten wohl besser auch nach Hause. Bis morgen!«, sagt Pop und flitzt los. Nur Iggy bleibt zurück und druckst etwas verlegen herum. Dann sieht er Otto an, und Erleichterung breitet sich auf seinem Gesicht aus. »Verrate es keinem, aber ich kann gar nicht so gut rülpsen. Ich bin froh, dass ich nicht mehr drangekommen bin.« Er winkt Otto noch mal zu und rennt seinem Bruder hinterher.

Als die anderen fort sind, hört Otto hinter sich ein Kichern. Er dreht sich um und sieht erst nur eine rote Mütze und dann Lottis ganzen Kopf, den sie hinter einem Baum hervorstreckt. »Denen haben wir es gezeigt, was?«, sagt sie und grinst schelmisch, bevor sie einen kleinen Rülpser hinterherschickt.

»Lotti! Was machst du denn hier?«, ruft Otto überrascht. Er ist immer froh, seine beste Freundin zu sehen, aber heute ganz besonders.

»Mein Zahnarzttermin ist ausgefallen. Als ich hier ankam, wart ihr gerade mitten in eurem Wettbewerb. Wulf konnte eine Lektion im Nicht-Gewinnen gut vertragen. Findest du nicht auch?«

Otto grinst von einem Ohr zum anderen. »Mein, also dein Rülpser war der Wahnsinn. Du bist die beste Rülpserin im ganzen Otterbacher Wald! Mindestens! Vielleicht sogar auf der ganzen Welt.«

»Vielleicht nehme ich ja mal an einer Rülps-Weltmeisterschaft teil«, kichert Lotti und hakt sich bei Otto unter. »Aber nur, wenn Wulf auch mitmacht, damit ich sein Gesicht sehen kann, wenn er nicht gewinnt. Los, komm, Rülpsen macht hungrig. Lass uns nachsehen, ob deine Mama noch Fischstäbchen dahat.«

»Au ja«, ruft Otto begeistert. Er liebt Fischstäbchen. Beide nehmen noch einen großen Schluck von Ottos Froschteich-Limo und spazieren rülpsend und niesend zu Ottos Haus.

Bitte lächeln!

Lotti ist auf dem Weg zum Waldspielplatz. Aber ausnahmsweise nicht zum Spielen, sondern weil Dadas Mama Dodi heute Fotos von einigen Kindern im Wald macht, damit ihre Eltern sie zu Hause aufstellen oder ihren Großeltern schenken oder einen dieser merkwürdigen Fotokalender basteln können, die sie an Weihnachten immer an alle Verwandten verschicken. Dadas Mama ist Fotografin und macht die schönsten Fotos im ganzen Otterbacher Wald. Eigentlich hatte sich Lotti sehr darauf gefreut, doch jetzt läuft sie mit einem Gesicht wie drei Tage Regenwetter herum. Und das, obwohl sie so gut wie nie schlechte Laune hat und die Sonne heute ganz besonders freundlich am Himmel lacht. Aber Lottis schlechte Laune hat einen bestimmten Grund: Immerzu sagen andere ihr, dass sie doch bitte mal lächeln soll. Und das geht ihr gewaltig auf die Nerven.

Denn oft ist sie mit wichtigeren Dingen beschäftigt und hat gar keine Zeit und Muße, um ständig ihre Gesichtsmuskeln

zu kontrollieren und immerzu zu lächeln. Lotti muss sich aufregende Abenteuer ausdenken, auf Baumstämmen über den Fluss balancieren oder gefährliche Monster unter Ottos Bett hervorlocken. Wen interessiert es, ob sie dabei lächelt? Dauerlächeln ist auch echt megaanstrengend. Danach hat Lotti immer so Muskelkater in den Wangen. Nie will jemand wissen, welche Heldinnenabenteuer sie sich in ihrem Kopf ausdenkt – immer geht es nur darum, dass sie angeblich grimmig schaut und nicht so, wie ein Mädchen schauen sollte.

Bei dem Gedanken schnaubt Lotti wütend. Niemand stört sich daran, wenn Fledrichsen das Gesicht verzieht. Oder wenn Wulf drei Tage lang kein einziges Mal lächelt. Und warum? Weil sie Jungen sind. Das ist doch absolut nicht fair! Und als ihr Papa heute Morgen zu ihr sagte: »Und vergiss nicht, zu lächeln, wenn Dodi ›Bitte lächeln!‹ sagt!«, hatte Lotti eine Idee. Jetzt hofft sie sehr, dass die anderen mitmachen.

Auf dem Waldspielplatz ist schon alles vorbereitet. Vor einer Baumgruppe hat Dodi, die aussieht wie Dada, nur in Groß und ohne Hörner, ihre Kamera aufgebaut. Sie steht auf einem dreibeinigen Ständer, der auch Stativ genannt wird. Lottis Freundinnen haben sich neben Dodi versammelt und winken Lotti zu, die wie immer etwas zu spät dran ist. Heute sind alle Mädchen dran, die Jungs werden morgen fotografiert.

»Wer will als Erstes vor die Kamera?«, fragt Dodi, und natürlich meldet sich niemand. Alle schauen zu Boden und versuchen, möglichst unbeteiligt auszusehen. Nie will jemand bei etwas Neuem die Erste sein, weil dann alle ganz besonders gespannt zuschauen und es auf jeden Fall sehen, wenn man sich blöd anstellt. Da sagt Lotti plötzlich laut und deutlich:

»Ich mach's!« Alle sehen sie bewundernd an. Lotti ist immer so mutig!

Lotti tritt aus der kleinen Gruppe hervor und geht entschlossen auf die Bäume zu. Als sie sich dort aufgestellt hat, nimmt Dodi die Position hinter ihrer Kamera ein und sagt: »Bitte lächeln!« Knips! Doch Lotti hat nicht gelächelt, sondern ein sehr grimmiges Gesicht gemacht. Verwundert sieht Dodi von ihrer Kamera auf. »Lotti, das müssen wir noch mal machen. Du hast ja gar nicht gelächelt!« Lotti verzieht keine Miene, stellt sich aber wieder ruhig hin. Erneut beugt sich Dodi über ihre Kamera und sagt: »Bitte lächeln!« Knips! Und wieder schaut sie verwundert auf den kleinen Bildschirm ihrer Kamera, weil Lotti nicht gelächelt hat. Diesmal hat sie sogar eine richtig grausige Grimasse geschnitten! Die anderen Mädchen tuscheln und kichern.

Dodi probiert es noch ein paarmal, ein Foto von Lotti zu schießen, auf dem sie lächelt. Aber Lotti tut ihr den Gefallen nicht. Mal streckt sie die Zunge raus, mal schielt sie, mal beides zusammen. Es sieht so ulkig aus, dass Dodi schmunzeln muss. »Na gut«, denkt sie, »wenn Lotti nicht lächeln will, dann muss sie auch nicht lächeln. So ist es eigentlich auch viel lustiger!«

Die anderen Mädchen, die Lotti ganz gebannt beim Grimassenschneiden beobachtet haben, wollen jetzt auch auf jeden Fall so ein Spaßfoto machen. Als Nächstes ist Elli Eichhorn dran. Sie hält sich ihren puscheligen Schwanz vors Gesicht

wie einen Schnurrbart. Die anderen johlen begeistert. Und jetzt machen alle etwas Verrücktes vor der Kamera. Emma nimmt ihre Brille ab und kneift die Augen ganz fest zusammen, sodass es fast aussieht, als hätte sie gar keine. Kunnigunde fletscht die Zähne und rollt gleichzeitig mit den Augen, und Susi lässt die Muskeln an allen acht Beinen spielen wie eine Bodybuilderin. Alle haben riesigen Spaß, und kein einziges der Mädchen lächelt auf seinem Foto brav in die Kamera. Als alle dran waren, breitet sich gespanntes Schweigen unter ihnen aus. Dodi hat einen kleinen Drucker dabei, mit dem sie die Fotos sofort ausdrucken kann. Als die ersten Kinder ihre Fotos in den Händen halten, lachen sie sich schlapp. So witzige Fotos von sich selbst haben sie noch nie gesehen! Doch dann schießt ihnen allen gleichzeitig ein Gedanke in den Kopf, und sie halten erschrocken inne – was werden ihre Eltern wohl dazu sagen? Als nach und nach die Eltern auf dem Waldspielplatz eintreffen, um ihre Kinder abzuholen, reichen sie ihnen zögerlich die Fotos. »Was in aller Biber Namen ist denn das?«, fragt Emmas Mutter verwundert und schiebt ihre große Brille höher auf die Nase. Vielleicht hat sie sich ja nur verguckt? Aber nein, auf dem Foto ist Emma zu sehen, die das Gesicht verzieht. Hier und da ertönen kleine überraschte Aufschreie. Die Mädchen sehen sich betreten an. Haben sie einen Fehler gemacht, als sie nicht für die Fotos gelächelt haben?

»Wow, Lotti, ich wusste ja gar nicht, dass du eine so wunderschöne Zornesfalte hast!«, lacht da auf einmal Lottis Papa laut los.

»Und ich bin ganz verliebt in deine gerümpfte Nase!«, sagt Ellis Mama. Jetzt steigen auch die anderen Eltern mit ein und loben die kreativen Grimmassen ihrer Kinder. Sie zeigen sich sogar gegenseitig die Fotos, um zu sehen, welche lustigen Grimassen sich die anderen Kinder ausgedacht haben. Schnell sind sie sich einig: Sie wollen ab jetzt immer solche Fotos von ihren Kindern machen lassen, weil sie viel mehr von ihrer Persönlichkeit zeigen als die gestellten Bilder, die sie sonst mit nach Hause bringen. Lotti ist erleichtert. Das müssen ihnen die Jungs morgen erst einmal nachmachen! Und vielleicht ist es ab jetzt für alle in Ordnung, wenn sie nur dann lächelt, wenn sie lächeln will. Und bei diesem Gedanken muss sie tatsächlich lächeln. Übers ganze Gesicht und aus vollem Herzen.

Das Versteckspiel

Ernie kauert hinter einem umgestürzten Baumstamm und hält die Luft an, um nicht loszuprusten. Vor dem Baum läuft Emma suchend auf und ab. Die anderen hat sie sofort gefunden, doch Ernies Versteck ist so gut, dass sie es noch nicht entdeckt hat. Die Kinder haben sich riesig auf diesen ersten warmen Tag im Frühling gefreut. Verstecken spielen macht nämlich nur so richtig Spaß, wenn die Bäume und Büsche wieder Laub tragen und somit Tausende Versteckmöglichkeiten bieten.

Ernie wagt einen Blick über den Baumstamm. Huch, wo ist Emma denn jetzt hin? Er reckt den Kopf noch ein wenig höher - »Ha! Hab dich!«, ertönt die Stimme des Bibermädchens. So ein Mist! Wenn Ernie nicht so neugierig gewesen wäre, hätte sie ihn bestimmt niemals im Leben gefunden! Doch er muss sich nicht lange ärgern. Sofort beginnt die nächste Runde. Diesmal ist Otto der Sucher. Er schließt die Augen und zählt von zehn rückwärts. Ernie findet ein paar große Steine, hinter die er sich hocken kann. Vorsichtig späht er an den Seiten hervor. Er will nicht noch einmal denselben Fehler machen wie vorhin. Von seinem Versteck aus sieht er die anderen davonhuschen. Lotti hechtet Richtung Bach, Iggy duckt sich ins Moos, Emma läuft ins Dickicht. Aber wo ist eigentlich Elli, seine kleine Schwester?

»Drei ... zwei ... eins! Komme!«, schallt Ottos Stimme auch schon durch den Wald. Es dauert nicht lange, bis er Iggy gefunden hat. Auch Ernie und Emma hat er schnell entdeckt, nur bei Lotti braucht er ein wenig, bis er sie hinter der Uferböschung erspäht. Danach macht er sich auf die Suche nach Elli.

Doch er findet sie nicht. Er sucht schon viel, viel länger als sonst. Auch die anderen helfen jetzt mit.

Nicht dass ihr etwas zugestoßen ist. »Elli, Elli, komm heraus! Du hast gewonnen!«, ruft Lotti. Aber von dem kleinen Eichhörnchenmädchen fehlt jede Spur. Langsam wird es Ernie mulmig zumute. Hoffentlich ist seiner kleinen Schwester wirklich nichts passiert!

»Ob sie vielleicht in den verbotenen Teil des Waldes gelaufen ist?«, überlegt Iggy.

»Ich glaube nicht, das ist ganz schön weit weg von hier, und sie weiß doch, dass dort Eddi Siebenschläfer lebt«, entgegnet Ernie. Aber hundertprozentig sicher ist er sich auch nicht. Was, wenn sie doch dort hingegangen ist und Eddi begegnet? Jedes Kind im Wald wurde von seinen Eltern vor Eddi Siebenschläfer gewarnt. Eddi ist ein Tunichtgut, sagen sie. Wohnt da ganz alleine im Wald und schläft das halbe Jahr. Warum, weiß keiner so genau.

Es ist schon recht spät geworden. Ernie macht sich jetzt große Sorgen um Elli, also gehen die Kinder zurück ins Dorf, um ihre Eltern zu holen. Jetzt müssen sie ihnen beichten, dass sie Elli verloren haben. Aber immerhin können die Erwachsenen ihnen dann helfen! Wenig später macht sich ein großer Suchtrupp auf in den Wald. Das ganze Dorf ist auf den Beinen. Iggy und Ernie zeigen den Erwachsenen die Stelle,

an der sie Elli zum letzten Mal gesehen haben. Mit Taschenlampen ausgestattet durchkämmen sie den halben Wald.

Erst im Morgengrauen kehren sie erschöpft und entmutigt ins Dorf zurück. Alle lassen die Köpfe hängen. Ernies Mama schluchzt, sein Papa legt tröstend den Arm um sie. Ernie ist auch zum Weinen zumute. »Was ist das? Hört ihr das auch?«, fragt auf einmal Bärndt, der besorgte Bär, und horcht in Richtung der Bäume. Ernie spitzt die Ohren. Was meint er bloß? Da hört er es auch. Jemand singt! Die anderen Tiere scheinen es jetzt auch zu hören, denn alle Köpfe drehen sich in dieselbe Richtung. Und plötzlich treten hinter den Bäumen am Dorfrand zwei Gestalten mit puscheligen Schwänzen hervor. Eine

davon ist Elli! Sie hopst fröhlich singend an der Hand eines anderen Eichhörnchens, das auf den zweiten Blick gar keins ist. Als Ernie genau hinsieht, erkennt er, dass das Tier ganz schwarze Augen und runde Ohren hat.

»Eddi Siebenschläfer!«, poltert Ernies Vater. »Was machst du denn hier?«

»Sei nicht sauer, Papi«, sagt Elli, als sie bei ihrer Familie angekommen ist. Ihre Mama schließt sie fest in die Arme und schluchzt noch mehr. »Eddi ist ganz lieb! Er hat mir geholfen, den Weg zurück ins Dorf zu finden. Ich hatte so ein gutes Versteck gefunden, aber dann kam einfach niemand von den anderen, und ich bin eingeschlafen. Als ich wieder aufgewacht bin, war es dunkel. Ich hatte solche Angst! Zum Glück hat Eddi mich gefunden. Er sieht im Dunkeln nämlich alles, weil er Tasthügel im Gesicht und richtig gute Augen hat, wusstet ihr das?«

Verlegen schaut Ernies Papa zu Eddi. »Also, tja, dann muss ich wohl sagen … danke, Eddi. Das war sehr nett von dir.«

»Das hab ich gern gemacht«, sagt Eddi und will schon wieder in den Wald aufbrechen.

»Warte mal, Eddi!«, ruft Ernie. Ihm ist da gerade etwas eingefallen. »Warum wohnst du eigentlich ganz allein tief im Wald?«

Eddi antwortet nicht, sondern kratzt sich nur am Kopf. Die anderen Tiere sind auf einmal ganz unruhig. Ein paar scharren sogar mit den Füßen.

»Ich glaube, ich weiß, warum«, meldet sich schließlich Kunigunde zu Wort.

»Ich erinnere mich daran, dass sich manche Leute beschwert haben, dass Eddi immer so laut schnarcht, wenn er Winterschlaf hält. Einmal haben ein paar Leute sogar Schilder gemalt und auf dem Marktplatz dafür demonstriert, dass Eddi

ein Schnarchverbot bekommt! Und dann war Eddi eines Tages einfach verschwunden.«

Eddi blickt zu Boden. Die Erinnerung daran schmerzt ihn sehr. »Ich bin nun mal ein Siebenschläfer«, sagt Eddi kleinlaut. »Wir Glis glis halten sieben Monate lang Winterschlaf, weil wir im Winter nichts zu essen finden, und wenn der Winterschlaf vorbei ist, sind wir eben in der Nacht aktiv. Doch das macht mich noch längst nicht zum Tunichtgut!«, sagt Eddi traurig.

»Eddi, ich glaube, wir müssen uns bei dir entschuldigen!«, sagt Ottos Mama.

»Nein, nein, es ist alles meine Schuld. Ich schnarche eben sehr laut, und ich möchte hier im Dorf niemanden belästigen. Deshalb lebe ich im Wald, wo mich niemand hört.«

»Aber das musst du doch gar nicht«, ruft Ernie laut. »Unsere Mama ist nämlich die beste Schallschutzisoliererin im ganzen Otterbacher Wald und kann dir bestimmt ein ultraschalldichtes Haus bauen. Dann kannst du schnarchen, so laut du willst, und niemand fühlt sich gestört. Und du musst nie wieder allein im Wald wohnen.« Alle schauen gespannt auf Etta, die Mama von Ernie und Elli Eichhorn. »Aber nichts lieber als

das«, ruft sie laut. »Du hast heute wahren Heldenmut bewiesen, und ich kann dir gar nicht genug danken. Du bekommst einen Ehrenplatz in unserem Dorf.«

Und so kam es, dass binnen kürzester Zeit ein neues Haus im Dorf errichtet wurde. Und kein Kind im Wald muss sich mehr fürchten, wenn es beim Versteckenspielen verloren geht, weil Eddi es mit seinen großen Augen und ausgeprägten Tasthügeln immer finden wird, sogar in der Nacht.

Der große Igel-Krach

Eigentlich sind Iggy und Pop sehr gerne Zwillinge. Es hat ja auch wirklich viele Vorteile: Man hat immer seinen besten Freund, einen Spielkameraden und – das Wichtigste – einen Verbündeten gegen die Eltern an seiner Seite. Doch eine Sache nervt sie ganz gewaltig: Immer sollen

sie alles zusammen machen. Immer werden sie zusammen auf Kindergeburtstage eingeladen, und immer sollen sie sich alles teilen. Zu Weihnachten und zum Geburtstag bekommen sie immer genau dieselben Geschenke. Dabei interessiert sich Iggy schon lange nicht mehr so sehr für Autos wie Pop, und Pop hat nicht so viel für Puppen übrig wie Iggy.

Zum Gitarrenunterricht möchte Iggy eigentlich nicht mehr mitkommen, sondern lieber lernen, wie man einen Kräutergarten anlegt. Alle denken aber, dass Iggy und Pop alles genau gleich machen und genau die gleichen Dinge mögen, weil sie Zwillinge sind. Und immer werden sie miteinander verwechselt und mit dem falschen Namen angesprochen, weil sie niemand voneinander unterscheiden kann! Das nervt am allermeisten. Also haben sie beschlossen, ab jetzt getrennte Wege zu gehen. Na ja, soweit man das eben kann, wenn man noch klein ist und sich ein Zimmer

teilt. Sie wollen ab jetzt nicht nur mit verschiedenen Spielzeugen spielen, sondern auch nicht mehr dieselben Freunde haben. Leider wissen das ihre Freunde aber noch nicht.

»Das hier ist meine Hälfte und das hier deine«, sagt Pop und breitet einen Schal als Trennlinie in der Mitte des Kinderzimmers auf dem Boden aus.

»Und das hier ist dein Spielzeug und das hier meins«, erwidert Iggy und stapelt das Puppengeschirr auf seiner eigenen Seite zu einem kleinen Haufen und Stifte und Malbücher auf Pops Seite zu einem anderen.

Am Nachmittag sind Lotti und Otto mit Iggy und Pop zum Spielen verabredet. Als sie das Zimmer betreten, ruft Iggy sofort: »Halt, stopp! Nicht über die Grenze treten, Otto!«

Verwirrt sieht sich Otto um und entdeckt den Schal auf dem Boden. »Was soll das denn bedeuten?«, fragt er und kratzt sich am Kopf.

»Das ist die Grenze! Hier beginnt der Iggy-Bereich, und wer auf der anderen Seite steht, ist nicht mehr mein Freund!«, erklärt Iggy. »In der Pop-Zone ist es eh viel cooler«, betont Pop und dreht laut Rockmusik auf. »Wir sind ab jetzt nämlich keine Zwillinge mehr und machen nichts mehr zusammen«, erläutert Pop.

Lotti und Otto sehen sich ratlos an und zucken dann mit den Schultern. Ob das lange gut gehen wird?

Otto und Iggy spielen auf Iggys Zimmerseite mit einer Puppe, während Lotti und Pop auf Pops Seite Musik hören und dabei Bilder ausmalen.

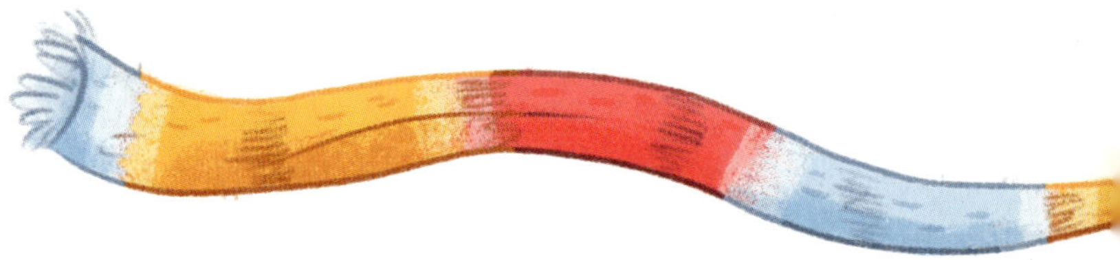

Auf einmal saust der Puppenwagen von der anderen Zimmerseite heran und bleibt mitten auf Lottis Bild stehen. »Ups!«, ruft Otto kichernd. »Der ist mir aus der Hand geflutscht. Schiebst du ihn mir bitte wieder rüber, Lotti?« Gerade, als Lotti aufstehen und ihm den Puppenwagen bringen will, hält Pop sie fest.

»Nein, du darfst nicht über die Grenze greifen und auch nicht mehr mit ihm reden. Er ist nicht mehr unser Freund. Und was auf meiner Seite landet, gehört automatisch mir.« Wieder werfen sich Lotti und Otto Blicke zu und zucken dann mit den Schultern. Eine Weile spielen alle ruhig vor sich hin, aber als

Pop die Musik lauter dreht, beschwert sich Iggy von der anderen Zimmerseite:

»Eh, mach doch mal die Musik leiser! Wir verstehen hier drüben unser eigenes Wort nicht mehr!« Doch Pop dreht die Musik nur noch lauter auf und tanzt auf seiner Seite umher. Iggy will aufstehen und Otto hinter sich aus dem Zimmer ziehen, doch Pop stellt sich ihm in den Weg.

»Du kannst nicht aus dem Zimmer! Die Tür ist auf meiner Seite!«

»Aber ... aber wie soll ich denn dann noch aufs Klo gehen?«, fragt Iggy verdattert.

»Gar nicht mehr«, meint Pop nur und tanzt weiter.

Da wird es Lotti zu bunt. Sie geht, Pops Protest ignorierend, auf das Radio zu und schaltet es aus. »Das macht gar keinen Spaß mehr mit euch«, sagt sie. »Ihr könnt uns nicht vorschreiben, mit wem wir befreundet sind. Wir mögen euch beide genauso, wie ihr seid. Iggy und Pop. Ihr seid beide total verschieden. Und das ist auch gut so! Ihr könnt auch einfach

Iggy und Pop sein, ohne gleich euer ganzes Leben aufteilen zu müssen. Sonst habt ihr am Ende vielleicht irgendwann gar keine Freunde mehr.«

Betreten schauen die beiden Igel zu Boden. »Aber was sollen wir denn tun, damit die Leute uns wie zwei verschiedene Igel behandeln?«, fragt Iggy zögerlich.

Otto überlegt. »Habt ihr ihnen denn schon mal gesagt, dass ihr nicht dieselben Spielzeuge mögt und nicht immer alles zusammen machen wollt?« Iggy und Pop schütteln die Köpfe. Auf diese einfache Idee sind sie tatsächlich nicht gekommen! Dabei wissen sie selbst, dass reden immer hilft, wenn sie sich zum Beispiel gestritten haben.

»Manchmal ist die Lösung gar nicht so kompliziert«, lacht Lotti. »Viel einfacher, als für immer im Zimmer eingesperrt zu sein und nie mehr aufs Klo zu gehen!«

Jetzt lachen alle vier, und Iggy huscht ganz schnell aufs

Klo, weil er wirklich sehr, sehr dringend muss. Als er zurückkommt, machen es sich die vier in der Mitte des Zimmers gemütlich. Pop holt seine Gitarre raus und spielt ein Lied, während Lotti und Otto mit Puppenwagen und Autos Wettrennen spielen. »Wer ist hungriiiiig?«, ruft Iggy und serviert seinen allerbesten Wildkräutersalat aus dem eigenen Garten. Für seine Freunde. Und Pops Freunde. Denn die müssen sie ab sofort ja nie wieder aufteilen.

Um die Wette rennen

Auf dem Marktplatz im Dorf herrscht heute Morgen ein großes Gewusel. Alle Tiere sind schon früh auf den Beinen, sogar die Langschläfer Iggy, Pop und Fledrichsen. Niemand möchte das Wohltätigkeitsfest für das Seniorenheim »Die Uralten Hasen« verpassen! Die uralten Hasen, die dort wohnen, und natürlich auch die uralten Eulen, Bären, Biber, Otter und all die anderen Tier-Omas und -Opas wünschen sich schon lange eine Hüpfburg für den Garten. Hüpfen hält die Knochen jung, das weiß doch jeder!

Leider ist die Hüpfburg sehr teuer, deshalb haben die Tiere des Waldes beschlossen, ein Fest auszurichten. Bei allen Aktionen soll Geld gesammelt und an das Seniorenheim gespendet werden. Es gibt einen Flohmarkt, Kuchenstände und Spiele-Buden. Überall hängen bunte Girlanden und Wimpelketten, die die Kita-Kinder gebastelt haben. Emma Bibers Bruder Justin singt. Niemandem gefällt es so richtig, aber trotzdem wirft immer wieder jemand Münzen in den Hut, der vor der kleinen Bühne auf dem Boden liegt. Manchmal wirft ein Witzbold auch einen Knopf hinein.

»Frische Ottofees, nur zwanzig Moospfennige das Stück!«, ruft Otto den vorbeigehenden Tieren zu. Er ist wahnsinnig stolz darauf, dass er mit seinem eigenen Ottofee-Stand einen Beitrag für das Seniorenheim leistet. Sein Opa Kalle schaut ab und zu vorbei und hilft ihm, die Ottofees einzupacken.

»Du hast ja schon mächtig Umsatz gemacht!«, sagt er und nickt anerkennend zu der kleinen Kasse unter dem Tisch. Otto grinst und wendet sich seiner nächsten Kundin zu. Es ist Hilda, das Hasenmädchen. Otto kennt sie vom Sehen. Sie wohnt in seinem Dorf und geht in dieselbe Schulklasse wie Justin.

»Wie viele möchtest du?«, fragt Otto und greift zu einer Papiertüte.

»Ich möchte gar keine Ottofees kaufen, danke«, sagt Hilda und winkt ab. »Ich wollte dich zu einem Wettrennen herausfordern!«

Otto macht ein überraschtes Gesicht. »Zu einem Wettrennen herausfordern? Mich?« Hilda nickt vergnügt.

»Heute Nachmittag findet eins statt, drüben bei der

Kastanien-Allee. Der Gewinn sind fünfzig Moostaler! Alles geht natürlich an die Senioren, für die Hüpfburg.«

Fünfzig Moostaler? Das klingt super! Das Problem ist nur: Hilda ist sicher tausendmal schneller als er. Jeder weiß doch, dass schnell laufen nicht gerade Ottos Paradedisziplin ist. Hilda hingegen ist sehr flink und wendig, im Dorf weiß jeder, wie schnell sie ist. »Wo ist dein Sportsgeist, Otto?«, fragt Opa Kalle und knufft ihm freundlich gegen den Arm. Und da bleibt Otto gar nichts anderes übrig, als Hildas Herausforderung anzunehmen. Aber hat er gegen sie überhaupt auch nur den Hauch einer Chance?

»Otto, Otto!«, ertönt wenig später Lottis Stimme. Atemlos kommt sie an seinem Stand an. »Du trittst zu einem Wettrennen gegen Hilda an?«

»Woher weißt du –«, will Otto fragen, doch Lotti redet einfach weiter.

»Ich habe sie zufällig auf der Toilette belauscht. Sie hat sich vor meiner Kabine mit einer Freundin unterhalten. Und stell dir vor: Sie will das Preisgeld für sich behalten und damit die neue X-Station-Spielekonsole kaufen, obwohl heute das ganze Geld an die Senioren gespendet werden soll! Das ist so fies! Sie hat dich nur herausgefordert, weil sie weiß, dass du nicht so schnell laufen kannst wie sie.«

»Boah!«, sagt Otto empört. »Ich sage das Rennen sofort ab! Ich lasse mich bestimmt nicht von ihr benutzen. «

»Halt, warte!«, ruft Lotti, beugt sich über den Stand und fragt leise: »Hast du eine gelbe kurze Hose?«

»Äh, ich glaube ja«, sagt Otto. Was will Lotti denn jetzt mit einer gelben Hose?

»Sag deinem Opa, dass er dich am Stand vertreten soll, geh nach Hause, hol die Hose und triff mich in zwanzig Minuten hinterm Klohäuschen!«

»Was hast du vor?«, ruft Otto ihr hinterher.

Lotti dreht sich um und grinst schelmisch.

»Gewinnen!«, sagt sie.

Die Zeit bis zum Wettrennen vergeht wie im Flug. Otto ist nervös. Obwohl Lotti ihm vorhin alles ganz genau erklärt hat, ist er sich nicht sicher, ob es funktioniert. Doch ihm bleibt gar nicht viel Zeit, um darüber nachzudenken. Schon hebt der Schiedsrichter die Startklappe.

»Auf die Plätze!«

Otto und Hilda treten an die Startlinie. Hilda wirft ihm nur einen kurzen Blick zu.

»Fertig!«

Otto spannt die Muskeln an. Aus dem Augenwinkel sieht er, wie athletisch Hilda die Beine beugt.

»Los!«

Kaum fällt der Startschuss, schießt Hilda auch schon wie eine Sprungfeder an ihm vorbei. Sosehr sich Otto bemüht, er kann sie nicht einholen. Jetzt müsste es gleich so weit sein … Als vor Otto die Biegung auftaucht, hinter der die Kastanien-Allee in eine von Feldern gesäumte Straße übergeht, wirft er sich im letzten Moment, bevor Hilda um die Kurve verschwindet, mit einem dramatischen Schrei auf den Boden. Hilda schaut sich verdutzt nach ihm um. Dann richtet sie den Blick wieder nach vorn und rennt weiter. Das ist der Moment, auf den er gewartet hat – Otto versteckt sich schnell hinter einem

Baum. Jetzt kann er nur hoffen, dass Lottis Plan aufgeht.

Ottos Herz macht einen Hüpfer, als er wenig später zurück zur Startlinie kommt, wo bereits die Siegerehrung stattfindet. Auf dem Siegertreppchen steht – er selbst! Also, natürlich ist es Lotti in ihrer gelben Hose. Sie winkt Otto begeistert mit dem Geldschein in ihrer Hand zu. Also hat es funktioniert! In der Sekunde, in der sich Hilda zu ihm umgedreht hatte, ist Lotti hinter einem Baum hervorgeschlüpft und hat den Vorsprung genutzt, um vor ihr durchs Ziel zu laufen. Nach der Siegerehrung fallen sich Lotti und Otto in die Arme.

»Wir haben es geschafft! Los, komm, wir bringen das Geld zu deinem Opa!«, sagt Lotti. »Ich sterbe vor Hunger. Hoffentlich hat er noch ein paar Ottofees übrig!«

Am nächsten Tag hüpft Otto mit seinem Opa und all den anderen uralten Eulen, Bären, Bibern, Ottern und Hasen auf der neu erworbenen Hüpfburg. »Du, Opa, ich muss dir was gestehen«, sagt Otto kleinlaut. »Ich habe das Wettrennen gar nicht gewonnen.« Opa Kalle zwinkert ihm zu: »Ich weiß! Wir uralten Hasen haben zwar uralte Knochen, aber verdammt gute Augen«, und der gesamte Seniorentrupp auf der Hüpfburg prustet los vor Lachen. »Ihr wusstet alle Bescheid?«

Nun muss auch Otto lachen. »Ja! Dieser Lügnerin habt ihr es wirklich gezeigt«, sagt Opa Kalle mit stolzer Stimme und knufft seinem Enkel gegen den Arm. »Jawohl«, rufen all die anderen »uralten Hasen« jubelnd. In Ottos Bauch kribbelt es wie Brausepulver. Während die Sonne langsam untergeht, hüpfen die Tier-Omas und -Opas noch immer auf

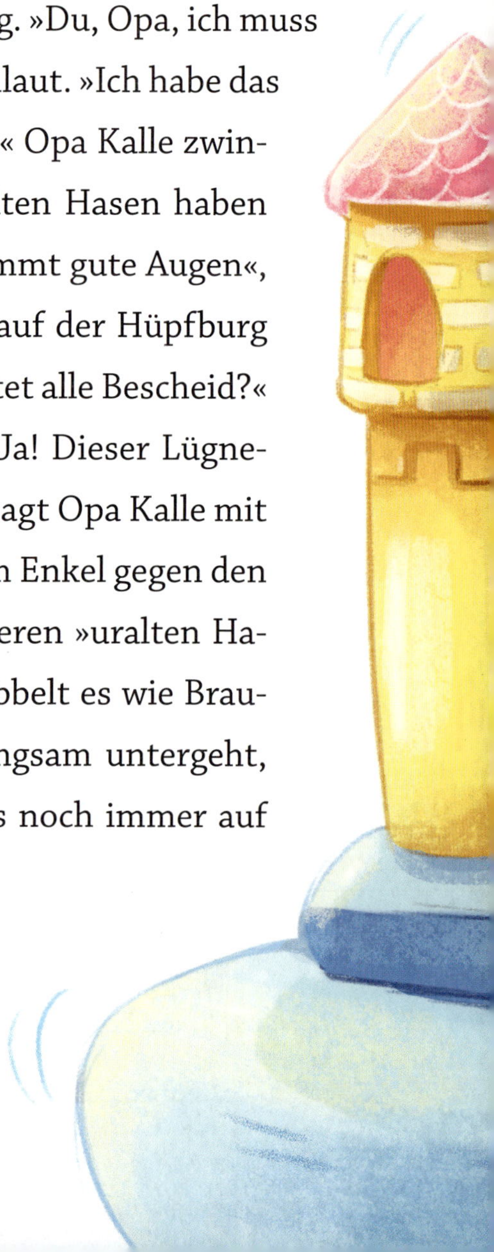

der golden leuchtenden Hüpfburg in den allerschönsten Sonnenuntergang. Das Leben ist doch gut, denkt sich Otto, vor allem, wenn man so schnell nicht wieder an einem Wettrennen teilnehmen muss.

Susi

Das kleine Spinnenmädchen Susi ist traurig. Immer wenn sie mit ihren acht Beinen über den Boden krabbelt, springen die anderen Tiere erschrocken zur Seite. Manchmal hat sie sogar schon gehört, dass jemand »Iiih!« gerufen und mit der Pfote auf sie gezeigt hat. Wenn sich andere Leute vor ihr ekeln, tut ihr das immer besonders weh.

Susi wäre gerne so niedlich wie ein Eichhörnchen oder so kuschelig wie ein Rehkitz, dann würden alle ihr weiches Fell und ihre süßen Öhrchen bewundern, sie streicheln und mit ihr spielen wollen. Aber Susi ist eben eine Spinne und kein Eichhörnchen und auch kein Rehkitz.

Damit andere sie mögen, grüßt Susi im Vorbeigehen immer ganz besonders freundlich, aber die meisten schauen weg oder zucken zusammen. Außerdem gibt sich Susi immer ganz besonders viel Mühe, bevor sie das Haus verlässt. So wie heute: Sie trägt ihr hübsches gelbes Röckchen und ein

Lächeln im Gesicht, obwohl ihr gar nicht nach Lächeln zumute ist. Aber wenn sie draußen unterwegs ist, lächelt Susi und lächelt. Wenn man gemocht werden will, muss man nett sein!, denkt sie. Das hat sie mal in einer Zeitschrift gelesen. Aber sie fühlt sich innen drin gar nicht nach Lächeln, sondern sehr, sehr traurig. Obwohl ihr vom vielen Lächeln schon der ganze Mund wehtut, zieht sie die Mundwinkel noch ein bisschen weiter nach oben, als eine Fuchsdame an ihr vorbeiläuft. Susi sagt überfreundlich: »Guten Tag!«

Die Fuchsdame jedoch schaut Susi an, rümpft die Nase und erwidert: »Igitt!« Dann geht sie mit schnellen Schritten davon.

Susi geht weiter, sehr darauf bedacht, noch freundlicher auszusehen als eben. Kurz darauf begegnet sie zwei Hasen, die schnell woandershin schauen, als Susi sie grüßen will. Und als dann auch noch ein Dachs die Straßenseite wechselt, als er die kleine Spinne erblickt, reicht es ihr. Jetzt will sie nicht mehr lächeln, sondern einfach nur noch nach Hause! So schnell sie kann, krabbelt sie den ganzen Weg zurück. Zu Hause angekommen setzt sie sich auf ihr Bett und lässt den Tränen freien Lauf.

»Was ist denn los, Susi?«, fragt da plötzlich eine besorgte Stimme. Susi wischt sich schnell die Augen trocken und sieht in das liebe Gesicht ihres Papas.

»Ich weiß nicht, was ich noch tun soll, damit mich alle mögen!«, schluchzt Susi. »Ich ziehe mich hübsch an und lächle den ganzen Tag, aber trotzdem gibt es immer wieder Leute, die mich nicht leiden können.«

»Ach Susi«, seufzt ihr Papa, »man kann doch nicht von allen gemocht werden! Denkst du, mich mögen alle mit meinen großen, haarigen Spinnenbeinen? Na und? Deshalb versuche ich aber nicht, jemand anderes zu sein. Meine wahren Freunde mögen mich so, wie ich bin. Mit acht Beinen. Und du und Mama sowieso! Es ist doch total anstrengend, wenn man immer versucht, es allen recht zu machen.«

»Ja, wahnsinnig anstrengend«, gibt Susi zu. »Ich habe ganz vergessen, wie ich eigentlich wirklich bin, wenn ich nur ich bin.«

Ihr Papa drückt Susi ganz fest an sich. Das geht mit acht Beinen ganz besonders gut und fühlt sich warm und sicher an. »Susi, du kannst einfach nur du selbst sein. Denn dafür lieben wir dich am meisten. Und wenn doch mal wieder ein anderer »Iiih« sagt, dann lachst du ihn einfach an und sagst: »Aber ich bin's doch nur, die Susi. Und ich tue dir gar nichts, wenn du mir auch nichts tust.«

Susi überlegt. Ihr Papa hat völlig recht!

»Buh!«, ruft sie plötzlich. Ihr Papa zuckt zusammen. »Aber ich bin's doch nur: die Susi!«, sagt Susi in sein erschrecktes Gesicht, und beide müssen so laut lachen, dass sie vor lauter Lachen vom Bett plumpsen. Aber das ist gar nicht weiter schlimm.

Mit acht Beinen kann man sich nämlich ganz hervorragend abstützen.

Der geheimnisvolle Kasten

Lotti und Otto haben etwas sehr Mysteriöses an der Waldlichtung entdeckt. Es stand dort einfach rum, als sie vorbeikamen. Und nun stehen Lotti und Otto einfach rum und schauen es sich von allen Seiten an. »Was kann das nur sein, Lotti?«, fragt Otto. Er hat eine ganze Weile sehr angestrengt geguckt, kann sich aber immer noch keinen Reim auf diesen komischen Kasten machen.

»Ich weiß es nicht«, gibt Lotti zu. »Aber es sieht spannend aus!«

Jetzt schaut Otto genauer hin. Genau genommen ist es gar kein Kasten, sondern sieht eher aus wie ein Haus. Ein sehr kleines Haus aus Holz mit einem schrägen Dach. Die einzelnen Etagen sind alle verschieden. Eine besteht aus Tannenzapfen. Eine aus vielen Pflanzenstängeln. Eine ist mit Stroh ausgestopft, eine andere mit Hölzern. »Ob da jemand drin wohnt?«, überlegt Otto. Aber er kann niemanden entdecken.

»He, ihr beiden, was macht ihr denn da?«, ruft eine vertraute Stimme. Es ist Iggy! Er hat einen kleinen Korb voller Blaubeeren auf dem Arm. Sein Bruder Pop kommt hinter ihm angeflitzt. Neugierig betrachten sie das seltsame Haus.

»Habt ihr eine Ahnung, was das sein könnte?«, fragt Otto.

»Keinen Schimmer«, sagt Iggy.

»Vielleicht ist darin das Bernsteinzimmer versteckt?«, überlegt Pop. Sein Opa hat ihm erzählt, dass es irgendwo ein geheimes Zimmer voller wertvoller Bernsteine gibt. Sie schauen alle ganz genau hin, entdecken aber keine.

»Möglicherweise ist in dem Haus Dynamit versteckt«, sagt Otto. »Ich habe mal in einem Buch gelesen, dass Geheimagenten Sprengstoff in einem geheimen Kasten versteckt haben.«

»Du spinnst ja«, lacht Lotti. »Hier bei uns im Otterbacher Wald gibt es keine Geheimagenten.«

»Das weißt du ja gar nicht!«, widerspricht Otto. »Wenn du wüsstest, dass es sie gibt, wären sie ja keine Geheimagenten mehr.«

»Los, kommt, ich weiß, wen wir fragen können, was das ist. Kunnigunde!«, ruft Pop laut.

Schnell laufen die vier zu Kunnigundes Haus im Dorf. Sie haben Glück, denn ihre Kurzkrallen-Otter-Freundin ist zu Hause und folgt ihnen gern zu dem Fundstück im Wald. Kunnigunde ist ultraschlau und Expertin für aaaaalles. Neulich wollte jemand wissen, wie lang die Wurzel einer Eiche ist. Kunnigunde wusste es: Vierzig Zentimeter. Sie weiß, wie viele Baum- und Straucharten es im Otterbacher Wald gibt, wie viele verschiedene Tierarten dort leben, ob der Pilz, den man gerade gefunden hat, essbar ist oder wo die leckersten Beeren wachsen. Kunnigunde kennt einfach alle Antworten!

»Das ist ja nicht zu fassen!«, ruft sie und klatscht in die Hände, als sie das komische Haus sieht. »Dass ich so was mal zu Gesicht bekomme! Wer es wohl hier aufgestellt hat?«

»Was ist es denn, Kunnigunde?«, fragt Lotti aufgeregt.

»Das hier, Leute«, sagt Kunnigunde und macht eine bedeutungsschwere Pause, »ist ein Insektenhotel!«

»Ein Insektenhotel?« Verwundert läuft Iggy einmal um das Gebilde herum. Dann kratzt er sich am Kopf. »So richtig mit Pool und Frühstück inklusive?«

Kunnigunde lacht herzlich. »Aber nein. Es heißt nur so. Es ist kein richtiges Hotel. In einem Insektenhotel können Insekten in Ruhe und geschützt vor Wind, Regen und ihren Fressfeinden nisten. Manche verbringen sogar den ganzen Winter darin. Vor allem für Wildbienen, Marienkäfer und Schmetterlinge ist ein Insektenhotel sehr hilfreich.«

Lotti betrachtet das Insektenhotel ganz fasziniert. Doch da fällt ihr etwas auf. Es sind gar keine Insekten darin! Nicht ein einziges! Kunnigunde macht ein ratloses Gesicht. »Lasst mich kurz etwas nachlesen!«, sagt sie und kramt einen dicken Wälzer aus ihrer Umhängetasche. Es ist ihr allwissendes Wald-Lexikon, ohne das sie nie das Haus verlässt. Gespannt warten die anderen und halten sogar den Atem an, bis Kunnigunde das Buch endlich zuschlägt und verkündet: »Aha! Ich weiß jetzt, wieso in dem Insektenhotel keine Insekten wohnen!«

»Spann uns doch nicht so auf die Folter«, bittet Pop, der vor Nervosität von einem Bein aufs andere hüpft.

»Also gut. Dieses Insektenhotel hier steht an einem ungünstigen Standort. Seht ihr die vielen Bäume? Wegen ihnen kommt keine Sonne ans Hotel. Die Insekten mögen es gern warm, und wenn die Sonne direkt darauf scheint, trocknet es schneller, wenn es geregnet hat, und die Larven können sich gut entwickeln. Wenn es zu nass ist, schimmeln sie.«

»Ihh, Schimmel«, meint Lotti und verzieht das Gesicht. Sie kennt Schimmel, weil manchmal auf ihrem Brot ein grüner, weicher Flaum wächst, wenn sie ihre Brotdose mal wieder in ihrem Rucksack vergessen hat. Das soll auf keinen Fall mit den Larven der Insekten passieren!

»Was können wir tun, damit im Hotel endlich Insekten einziehen?«, fragt Otto.

»Mhm«, überlegt Kunnigunde. »Ah, ich weiß es! Wir müssen einen anderen Standort für das Hotel finden.«

»Aber wir können es nicht woandershin tragen«, sagt Lotti. »Es ist viel zu schwer.«

»Da hast du recht«, sagt Kunnigunde. »Aber wisst ihr was? Wir bauen einfach ein neues Insektenhotel und stellen es am Dorfplatz auf. Dort gibt es viele Büsche und Blumen. Der

ideale Ort für einen Unterschlupf für all die Bienen und Käfer und Schmetterlinge!«

Die Kinder jubeln begeistert. Sie trommeln sogar noch Wulf, Fledrichsen, Elli und Emma zusammen. Mit der Unterstützung ihrer Eltern schleppen sie das Werkzeug und das Material zum Dorfplatz und hämmern und sägen den ganzen

Nachmittag. Gut, dass Kunnigunde weiß, welche Materialien sich am besten eignen. Sie übernimmt die Bauleitung und erklärt den anderen Kindern jeden einzelnen Arbeitsschritt. Zuerst wird das Holz zurechtgeschnitten und dann in Form eines Hauses zusammengebaut. Danach geht es ans Füllen der einzelnen Zimmer: Holzröhrchen und Stroh und Tannenzapfen bieten den Insekten ideale Bedingungen zum Nisten und Überwintern. Ganz vorsichtig werkeln die Kinder, bis sie am Ende verschwitzt und stolz ihr Werk betrachten, das gleich neben einem blühenden Busch aufgestellt wurde.

»Wow!«, macht Emma.

»Das ist ein richtiges Fünf-Sterne-Super-Duper-Luxus-Hotel geworden!«, sagt Wulf beeindruckt. »Ja! Voll oberotterspitzenhammermäßig!«, rufen Lotti & Otto begeistert.

Auch die anderen Dorfbewohner sind beeindruckt. »Das nenne ich mal ein Insektenhotel«, ruft Braunbärdame Birgit, die zufällig vorbeikommt. »Es ist viel schöner als das, das ich neulich hinten an der Lichtung aufgestellt habe. Leider ist bis heute kein einziges Insekt dort eingezogen.« Traurig lässt sie die Schultern hängen. »Ach! Das war deins?«, fragt Kunnigunde überrascht. »Dass es leer steht, liegt an der Lage. Wir wollten es hierhertragen, aber leider war es zu schwer …«

»Achtuuuuuung!« In diesem Moment kommen Iggy und Pop mit Voll-Karacho mit einem sehr merkwürdigen Gefährt um die Ecke gebogen. Was ist das nur? Es sieht aus wie ein Insektenhotel – nur auf Rädern. Während die anderen Kinder am Fünf-Sterne-Super-Duper-Luxus-Hotel gebaut haben, haben

Iggy und Pop Räder unter Birgits Hotel geschraubt. Birgit ist schwer beeindruckt. Vor lauter Begeisterung streckt sie beide Hände in die Höhe. Da kommt ein leuchtender Schmetterling angeflogen und setzt sich erst auf Birgits Hand und flattert dann weiter zum Hotel. Einen kurzen Moment lang scheint er unschlüssig zu sein, und dann – schlüpft er durch ein kleines Loch hinein. Die Kinder sehen sich fröhlich an.

»Willkommen in der Casa Birgit!«, ruft Birgit verzückt. Von nun an stehen beide Insektenhotels nebeneinander, und der einst sehr triste Dorfplatz ist zu einem Ort geworden, an dem Jung und Alt gerne verweilen und dem regen Treiben zuschauen. Schlupf- und Wegwespen, Florfliegen, Ohrwürmer, Marienkäfer und Schmetterlinge. Sie alle fliegen ein und aus und fühlen sich in den neuen Herbergen pudel- … äh, insektenwohl.

Amigos

Otto kann es kaum erwarten, in die Kita zu gehen, denn Toni, der Erzieher, hat ihnen gestern verraten, dass heute ein neues Kind in die Gruppe kommt. Ein neuer Freund für mich, hofft Otto. Ungeduldig zieht er seine Mama hinter sich her und sagt ihr an der Tür nur ganz flüchtig Tschüss. Otto ist so gespannt auf das neue Kind, dass er ganz vergisst, erst seine Jacke und seine Mütze auszuziehen. Toni muss ihn noch mal zurück in die Garderobe schicken, bevor er endlich ins Spielezimmer gehen darf. Otto erspäht das neue Kind sofort. Toni hatte ihnen schon erzählt, dass es Johnny heißt. Johnny ist ein Nandu, also ein Vogel mit grauen Federn, großen Augen und einem flachen Schnabel. Otto findet, dass er nett aussieht. Aber auch ein bisschen verloren, wie er da so allein an einem Tisch sitzt.

Otto geht zu ihm hin und sagt: »Hallo, ich bin Otto!« Johnny sieht ihn nur mit seinen großen Augen an und sagt nichts. »Äh, also, äh… willst du mit mir spielen?«, fragt Otto, nun etwas unsicher. Johnny schaut ihn weiterhin nur stumm an. Da taucht Emma neben Otto auf: »Ich habe auch schon versucht, mit ihm zu reden. Der antwortet einfach nicht.« Beide schauen sich ratlos an. Weil Johnny weiterhin nur guckt, ohne etwas zu sagen, zuckt Otto schließlich mit den Schultern und schließt sich Emma an, die in einer Ecke eine Rennbahn für Pferdefiguren aufgebaut hat.

Ganz ins Spiel vertieft vergisst Otto Johnny für eine Weile. Doch später beim Mittagessen fällt ihm wieder auf, dass Johnny ganz allein isst und niemand mit ihm spricht. Und als die Gruppe am Nachmittag raus in den Hof geht und alle fröhlich im frisch gefallenen Laub herumrascheln und in Blätterhaufen springen, sitzt Johnny die ganze Zeit auf einer Bank. Er tut Otto leid. Wie sich das wohl anfühlt, ganz neu zu sein und niemanden zu kennen? Otto hat diese Erfahrung noch nie gemacht, denn er geht schon immer in die Kita am Otterbacher Wald. Die anderen Kinder kennt er also schon sein ganzes Leben lang. Gern würde er mit Johnny spielen, aber er weiß nicht, wie er es anstellen soll, so ohne gemeinsame

Worte. Also raschelt er mit den anderen im Laub und tut so, als würde er Johnny nicht bemerken.

Da hört er, wie Wolf Wulf lautstark tuschelt: »Was ist denn mit diesem komischen Vogel, warum spricht der nicht mit uns?« »Weil er unserer Sprache nicht mächtig ist. Er kommt nämlich aus Südamerika und spricht nur Spanisch«, antwortet Kunnigunde knapp.

Otto hat noch nie etwas von Spanisch gehört und weiß gar nicht, was das ist.

Zur Abholzeit sind Otto und Johnny die beiden Letzten, die auf ihre Eltern warten. Sie sitzen nebeneinander auf der Bank vor der Kita und schweigen sich an. Da kommt Johnnys Papa um die Ecke. Zum ersten Mal sieht Otto Johnny lächeln, als dieser aufspringt und in die Arme seines Papas läuft. Otto wird jetzt langsam nervös. Toni streckt seinen Kopf aus der Tür und sagt: »Deine Mama hat gerade angerufen, Otto. Es wird leider wieder später. Magst du drinnen warten?« Otto schüttelt den Kopf. Er will sich nicht anmerken lassen, dass er enttäuscht ist. Eigentlich ist er nie der Letzte, der abgeholt

wird. Aber seit Kurzem arbeitet seine Mama immer länger und kommt immer öfter erst sehr spät zur Kita. Da sagt Johnnys Papa plötzlich zu Otto: »Wenn du magst, kannst du mit zu uns kommen und mit uns zu Abend essen, bis deine Mama kommt.«

»Ich könnte sie auf der Arbeit anrufen und nach ihrer Erlaubnis fragen«, bietet Toni an.

Otto ist ganz verdattert und kann nur nicken.

Johnnys Papa klingt lustig, wenn er spricht. So, als würden die Wörter gar nicht richtig in seinen Mund passen. Aber Otto hat alles verstanden, was er gesagt hat. Ein paar Minuten später erscheint Toni wieder in der Tür. Ottos Mama ist einverstanden. Schweigend laufen Otto und Johnny nebeneinanderher. In Johnnys Haus folgt ihm Otto in sein Zimmer. Und traut seinen Augen kaum: Auf dem Schreibtisch steht eine Nähmaschine! Und was für eine! So ein Modell hat Otto bisher noch nie aus der

Nähe gesehen. Er strahlt Johnny an und deutet auf die Maschine. »Ich habe auch so eine!« Johnny versteht zwar nicht, was er sagt, aber dass Otto seine Nähmaschine toll findet, das hat er verstanden. Er läuft zu einem Regal, holt eine Rolle Stoff und ein gefaltetes Blatt heraus und zeigt es Otto. »Du schneiderst einen Drachen?«, fragt er. »Wie cool!«

»Drache, ja!«, ruft Johnny. »Du mitmachen?«

»Du kannst ja doch Deutsch!«, freut sich Otto. Johnny lächelt verlegen.

»Ein bisschen«, sagt er.

Otto lässt sich natürlich nicht zweimal bitten. Zusammen beugen sie sich über das Schnittmuster und schneiden den

Stoff zurecht. Dann zeigt Johnny Otto, wie seine Nähmaschine funktioniert. Fast ganz ohne Worte nähen sie den Drachen fertig. Und Otto stellt fest, dass man sich auch mit den Pfoten und den Füßen unterhalten kann, wenn einem die Worte ausgehen.

»Otto, deine Mama ist da!«, ruft Johnnys Papa von unten.

»Oh, wir wollten doch noch den Drachen steigen lassen«, meint Otto, als seine Mama ins Zimmer kommt.

»Vielleicht kommt Johnny morgen dann einfach nach der Kita mit zu uns«, schlägt seine Mama vor.

»Das wäre wunderbar«, sagt Johnnys Papa, der jetzt auch im Zimmer steht, »ich muss morgen Futter sammeln gehen und habe noch niemanden gefunden, der auf Johnny aufpassen würde. Es gibt bei uns zu Hause nur Johnny und mich. Ich bin nämlich alleinerziehend.«

»Wie wäre es denn, wenn wir uns gegenseitig helfen? Jeden Mittwoch könnte Johnny mit zu uns kommen. Und so wie heute spielen die beiden an jedem Dienstag hier bei euch. Sozusagen eine Nach-der-Kita-Gemeinschaft«, sagt Ottos Mama. Johnnys Papa freut sich über den Vorschlag. Und Johnny und Otto grinsen sich freudestrahlend an.

»Freunde?«, fragt Otto.

Diesmal weiß Johnny genau, was Otto meint. »Amigos«, sagt er entschlossen.

»Das ist spanisch und heißt Freunde«, erklärt Johnnys Papa. Doch das muss er gar nicht, Otto hat ihn nämlich auch so verstanden.

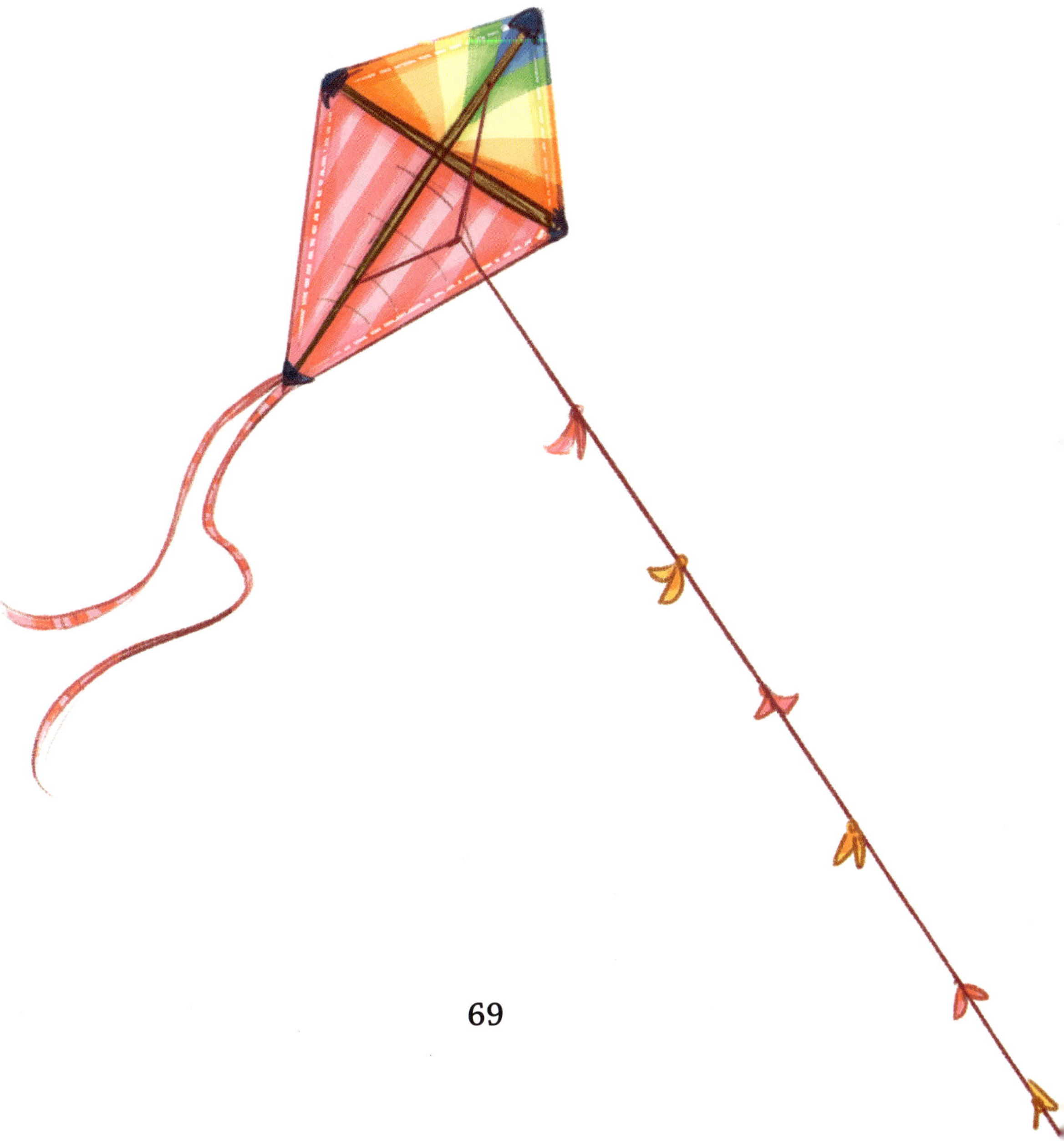

Die Schöne-Steine-Sammelaktion

Otto, Wulf und Dada, das Dikdik, haben sich am Fluss getroffen. Auch Lotti ist wie so oft von der anderen Seite des Waldes gekommen. Sie haben schon Verstecken und Ich-sehe-was-was-du-nicht-siehst gespielt und eine Bude gebaut. Aber heute wird ihnen alles so schnell langweilig.

»Sollen wir Jagen spielen?«, schlägt Wulf vor. »Ihr seid die Beute, und ich spiele den, äh, Wolf.« Von diesem Vorschlag ist niemand begeistert.

Da fällt Ottos Blick auf die vielen Steine, die unten am Grund des Flusses liegen. »Was haltet ihr von einer Schöne-Steine-Sammelaktion?«, fragt er seine Freunde.

»Wozu soll das gut sein?«, stänkert Wulf, der Ideen von anderen immer grundsätzlich erst mal blöd findet. Vor allem, wenn die anderen vorher seine eigenen Ideen auch blöd fanden.

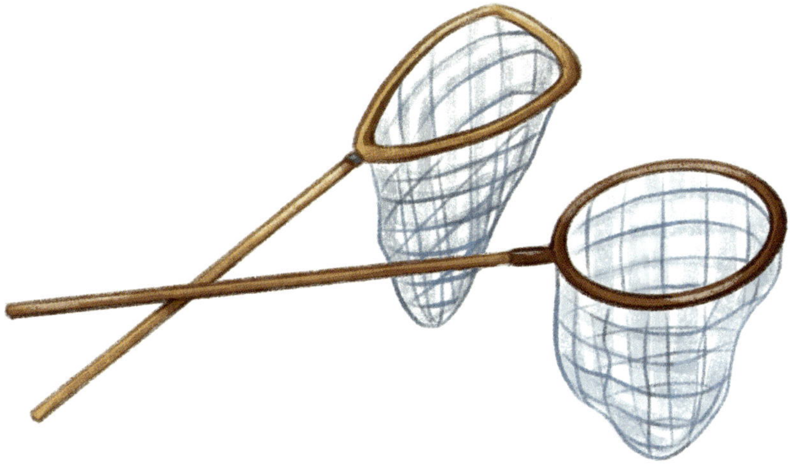

»Wir könnten sie bemalen und überall im Dorf verteilen, sodass immer mal wieder jemand einen findet und sich dann über den unerwarteten Fund freut.«

»Au ja«, sagt Dada. »Ich liebe es, Dinge zu bemalen! Ich bin dabei!«

Auch die anderen stimmen zu. Teilweise, weil sie den Vorschlag gut finden, teilweise, weil sie keinen besseren haben. Nur Wulf will sich noch nicht geschlagen geben.

»Wie sollen wir denn an die Steine rankommen? Ich gehe ganz bestimmt nicht schwimmen.«

»Otto und ich werden schwimmen und euch die Steine reichen«, sagt Lotti. Otto schüttelt heftig den Kopf.

»Auf keinen Fall. Die Strömung ist hier viel zu stark. Ich weiß was: Ich hole meine beiden Kescher, die Mama und ich immer mit zum Teich nehmen. So bleiben wir alle trocken, und es ist nicht so gefährlich. Was sagt ihr dazu?«

Damit sind alle einverstanden. Otto flitzt in Windeseile nach Hause und kommt kurz darauf mit den Keschern zurück. Die Freunde setzen sich ans Flussufer und angeln abwechselnd nach den Steinen. Schnell vergisst auch Wulf, dass er die Idee eigentlich blöd fand, denn er schafft es, aus der Schöne-Steine-Sammelaktion einen Wettbewerb zu machen.

Wer findet die größten, schwersten und rundesten Steine? Natürlich Wulf! Die anderen stört sein Jubelgeschrei bei jedem einzelnen Stein aber nicht. Das Angeln macht so viel Spaß! Als sie einen beachtlichen kleinen Haufen beisammenhaben, beschließen sie, die Steine ins Dorf zu bringen.

»Ich würde gerne noch eine Weile weiterkeschern«, sagt Wulf.

»Ich bleibe hier und leiste dir Gesellschaft«, beschließt Lotti. Sie winken den anderen zu, die sich voll beladen mit Steinen zum Dorf aufmachen.

Eine Weile sitzen Lotti und Wulf nebeneinander und angeln vor sich hin. Doch Lotti verliert schnell die Geduld. Vielleicht gibt es ja irgendwo hier doch noch etwas Aufregenderes zu entdecken? Monster im Gebüsch? Gefährliche Tiere auf den Bäumen? Oder jemand in Not, der aus einer Grube gerettet

werden muss? Sie ist nur ein paar Schritte Richtung Wald gegangen, als hinter ihr ein spitzer Schrei ertönt, auf den ein leises, aber hörbares Platschen folgt. Oh nein! Lotti stürzt zurück zum Fluss.

»Hi-hi-hilfe!«, japst Wulf, der sich kaum an der Wasseroberfläche halten kann. Seine Arme und Beine rudern wie verrückt, können gegen die Strömung aber nichts ausrichten. Blitzschnell wird er flussabwärts getrieben und unter die Wasseroberfläche gezogen. Nur seine Ohren schauen noch heraus. Otto hatte recht, die Strömung hier ist stark! Lotti überlegt

nicht lange und springt ins Wasser. Mit wenigen Schwimmzügen ist sie bei Wulf und kann ihn gerade noch greifen, bevor er um die nächste Flussbiegung verschwunden ist.

Am Ufer spuckt Wulf ganze Wasserschwalle aus und sinkt erschöpft zu Boden. »Oh mein Gott, was ist denn passiert?«, ruft Otto, der in diesem Moment zurückkommt.

»Ich habe einen ganz besonders schönen Stein aus dem Wasser gefischt«, sagt Lotti. »Nur anmalen würde ich ihn eher nicht.« Darüber muss Wulf kurz schmunzeln, auch wenn er sich sonst vor Erschöpfung nicht rühren kann.

»Ich habe doch gesagt, dass es eine blöde Idee war. Es ist alles deine Schuld«, schimpft Wulf auf einmal los. »Wenn du deine bekloppte Schöne-Steine-Sammelaktion nicht vorgeschlagen hättest, dann wäre das nie passiert.« Wulf stapft nach Hause, während Otto nachdenklich zurückbleibt.

Am Nachmittag stattet Otto Wulf einen Besuch ab. »Ich habe dir ein Geschenk genäht.« Otto reicht ihm eine Tüte.

»Was ist das?«, fragt Wulf und zieht zwei rote Dinger heraus. Er betrachtet sie von allen Seiten. Sie sind mit Luft gepolstert und haben jeweils eine kleine Öffnung in der Mitte.

»Schwimmflügel!«, verkündet Otto freudestrahlend. »Mit denen gehst du nicht mehr unter, wenn du aus Versehen ins

Wasser fällst.« »Aber ... woher weißt du...«, stammelt Wulf ertappt. »Ich habe es mir gedacht«, entgegnet Otto vielsagend. »Es tut mir total leid, dass ich mit dir geschimpft habe!«, stammelt Wulf kleinlaut. »Es ist mir so peinlich, dass ich nicht schwimmen kann, deswegen habe ich so gegen deine Schöne-Steine-Sammelaktion gewettert. Ich bin doch Wulf! Ich kann alles!« »Aber es ist doch gar nicht schlimm, wenn man etwas nicht kann. Du musst doch nicht in allem immer der Beste sein«, antwortet Otto. »Ja, wahrscheinlich hast du recht«, druckst Wulf herum. »Das ist übrigens das schönste Geschenk, was ich jemals bekommen habe. Danke, Otto!«

Dann springt Wulf auf einmal auf und ruft entschlossen: »Komm, lass uns zum See!« Er schlüpft mit den Armen durch die Schwimmflügel, und schwuppdiwupp ist er auch schon losgeflitzt in Richtung Otterbacher See, wo der halbe Otterbacher Kindergarten sitzt. Kunnigunde, Fled, Emma, Susi, Iggy und Pop. »Schaut her, die hat mir Otto genäht«, ruft Wulf lautstark in Richtung seiner Freunde »Und wisst ihr warum? Weil ich nicht schwimmen kann!«, schreit Wulf fest entschlossen und springt dabei mit einem Riiiiiiiiiesenplatscher ins Wasser!

Das Pupskonzert

Justin Biber, seine Schwester Emma, Lotti und Otto, Johnny, Dada, Iggy und Pop sitzen auf der Wiese und spielen Schweigekönig. Seit bestimmt fünfhundert, ach was, fünfhundert Trillionen Minuten sind sie alle mucksmäuschenstill. Keiner sagt auch nur ein kleines Wörtchen. Wer als Erstes lacht oder redet, verliert nämlich. Und keiner von ihnen möchte der Verlierer sein. Iggy knufft seinen Bruder Pop in die Seite und hofft, dass er, wie sonst auch immer, entweder lachen muss

oder »Ey, Mann!« sagt. Aber das tut er nicht. Die Waldtiere schweigen weiter, und plötzlich, inmitten der größten Stille, passiert es: Pfffffffft! Justin Biber entweicht ein lauter Pups! Er ist stocksteif vor Schreck. In der Stille hallt sein Pups nach wie ein kleines Donnergrollen. Oh nein, wie peinlich ist das denn? Er betet, dass die anderen ihn nicht gehört haben. Aber als er sich umblickt, grinsen ihn alle an. Emma kichert, und dann können sich auch die anderen nicht mehr beherrschen und lachen laut los. Justins Kopf wird ganz heiß. Er schämt sich schrecklich. Jetzt steigen ihm sogar Tränen in die Augen. »Jetzt hört aber mal auf zu lachen«, sagt Justin bestimmt, und die anderen hören sofort auf.

Trotzdem will Justin nur noch weg. Ohne ein weiteres Wort wendet er sich von den anderen ab und läuft nach Hause.

»He! Justin, warte doch! Wir haben dich nicht ausgelacht!«, ruft Emma, doch er dreht sich nicht um. Das war das Peinlichste, das ihm jemals passiert ist. Er möchte die anderen Kinder nie wieder sehen. In seinem ganzen Leben nicht. Am besten zieht er in ein anderes Land. Südamerika oder wie hieß das noch mal, wo Johnny herkommt. Ja – Südamerika! Das klingt richtig weit weg. Da möchte er hin. Oder woanders. Egal. Hauptsache, weg aus dem Otterbacher Wald. Er rennt in sein Kinderzimmer und setzt sich traurig an sein Fenster. Nach einer Weile kommt Lotti angelaufen. Als sie ihm zuwinkt, zieht er seine Vorhänge zu.

Auch am nächsten Tag schämt sich Justin noch immer. So sehr, dass er nicht mal seine Schwester Emma sehen will. Den ganzen Nachmittag lang sitzt er in seinem Zimmer. Es macht ihm überhaupt keinen Spaß. Viel lieber wäre er mit den anderen draußen. Aber immer, wenn er aufstehen und rausgehen will, fällt ihm der Pups wieder ein. Er bleibt auf seinem Zimmerboden sitzen und schiebt lustlos ein Auto von links nach rechts und von rechts nach links. Da klopft es an seiner Tür, und obwohl er nicht »Herein« gesagt hat, streckt Emma ihren

Kopf ins Zimmer. »Komm runter, Justin! Papa hat Abendessen gekocht und will nicht, dass es kalt wird!«

»Was gibt es denn?«, fragt Justin. »Nudeln«, antwortet Emma augenrollend. Eigentlich mögen beide keine Nudeln, aber den ganzen Tag alleine auf dem Zimmer sitzen macht echt bibermäßig hungrig. Justin geht die Treppe runter. Aber, was ist das? Der Esstisch: leer. Keine Nudeln weit und breit. Und sein Papa ist auch nirgends zu sehen. Hat Emma ihn etwa ausgetrickst?

Da hört er plötzlich ein Geräusch. Justin kann es kaum glauben. Ob etwas mit seinen Ohren nicht stimmt? Oder ist es wirklich das, was er denkt?

Es klingt wie ein – Pffffffft! –, ein Pups! Pfffffft! Noch einer! Und noch einer! Von allen Seiten ertönen Pupse. Ganz kurze, die wie Pistolenschüsse klingen – Pft-pft-pft –, und lange, die an heulende Motoren erinnern – Knatter-knatter-knatter. Von links brüllt ein Tiger – Rooooar! –, und rechts neben ihm landet eine Packung Milch auf dem Küchenboden – Flaaaaatsch! Pupse! In allen möglichen Tonlagen! Es ist das reinste Pupskonzert! Justin traut seinen Ohren nicht. Immer mehr Pupse erklingen von überall und ergeben zusammen eine richtige Melodie.

Als der letzte Pups verklungen ist, wird es ganz still in der Küche. Und einer nach dem anderen treten seine Freunde hinter den Küchenmöbeln hervor. Sie strahlen ihn an. »Hat es dir gefallen?«, fragt Lotti aufgeregt. »Wir haben den ganzen Tag geübt!«

»Das war supercool!«, sagt Justin. »Aber wie habt ihr das gemacht? »Na! Mit Pups-Trick!«, sagt Johnny stolz und holt eine Schüssel hinter seinem Rücken hervor. Darin sind –

»Booohnen?«, fragt Justin erstaunt. »Si! Mexikanische Bohnen von Südamerika! Mit Pups-Garantie! Willst du probieren? Wir haben dir etwas aufgehoben.«

Justin lässt sich nicht zweimal bitten. Das Chili con Carne mit mexikanischen Super-Pups-Bohnen schmeckt wirklich köstlich! Und er hatte ja auch noch einen so bibermäßigen Hunger! Und dann auf einmal … Pffffffffft entweicht ihm ein riesig lauter Pups! Alle jubeln und klatschen. »Das war der schööööönste Pups, den ich je gehört habe!«, ruft Lotti laut lachend. »Warte, ich kann noch einen besseren«, sagt Justin. Pffffffffffffffffffffffffffffffffffffffft! »Wow! Der längste Pups von allen«, ruft Dada begeistert. »Bestimmt war das der Pups-Weltrekord!« Alle müssen laut lachen. Und dann essen sie gemeinsam noch mehr Pups-Bohnen und pupsen zusammen den schönsten Freundes-Kanon, den der ganze Otterbacher Wald jemals gehört hat.

Emma hat Geburtstag

Otto liebt viele Dinge, aber Geburtstagspartys ganz besonders. Da darf man den ganzen Nachmittag mit anderen Kindern spielen und viele lustige Sachen machen. Es ist wie Kita, nur mit mehr Kuchen und ohne Mittagsschlaf! Für Otto beginnt die Vorfreude immer schon, wenn in der Kita und im Dorf Einladungen verteilt werden. Diesmal hat Emma Geburtstag. Schon die ganze Woche spricht sie von ihrer Feier am Samstag, und Otto wartet gespannt darauf, dass sie ihm eine Einladung überreicht. Er ist sich ganz sicher, dass sie ihn einladen wird. Schließlich war sie doch auch auf seiner letzten Geburtstagsfeier. Das ist doch eigentlich logisch, oder? Wulf hat bereits eine Einladung bekommen und zeigt sie auf dem Waldspielplatz herum. Er gibt mächtig damit an, dass Emma sie ihm in den Briefkasten geworfen hat. Natürlich flitzt Otto sofort nach Hause und schaut in seinen Briefkasten, aber dort herrscht gähnende Leere. Macht nichts,

denkt er, bestimmt bringt Emma seine Einladung morgen mit in den Kindergarten!

Als Otto am Freitag in die Kita kommt, stecken die kleine Spinne Susi und die Igelzwillinge Iggy und Pop gerade kichernd die Köpfe zusammen. In den Händen halten sie bunte Einladungen. Erwartungsvoll sieht Otto zu Emma. Sie lächelt ihn an. »Wollen wir zusammen ein Fensterbild basteln, Otto?« Verwirrt stimmt Otto zu. Vielleicht gibt sie ihm seine Einladung ja später?

Doch auch nach dem Basteln, nach dem Mittagessen und beim Abholen sagt Emma kein Wort über ihren Geburtstag

zu Otto. Und langsam dämmert es ihm. Er ist nicht eingeladen! Traurig sieht er ihr hinterher, als sie an der Hand ihrer Mama davongeht und aufgeregt von Kuchen und Spielen für die Party erzählt. Otto bemerkt gar nicht, dass inzwischen auch seine Mama gekommen ist, um ihn abzuholen. »Otto, auf welchem Planeten bist du denn gerade?«, fragt sie und wedelt mit der Hand vor seinen Augen herum.

»Auf dem Ich-bin-nicht-zu-Emmas-Geburtstag-eingeladen-Planeten«, brummt Otto.

Den ganzen Nachmittag über hat er schlechte Laune. Nicht mal Ottokar, sein treuer Teddy, kann ihn aufmuntern. Ottokar ist toll, aber echte Freunde, mit denen man reden und Kuchen essen und spielen kann, sind noch viel toller. Als er beim Abendessen mürrisch seine Fischstäbchen auf dem Teller herumschiebt, sagt seine Mama: »Vielleicht gibt es ja eine ganz einfache Erklärung dafür, dass Emma dich nicht eingeladen

hat? Frag sie doch am Montag mal.« Doch Otto will weder mit Emma reden noch an Montag denken. Am Montag werden alle über die Geburtstagsparty sprechen. Die Party, auf die er nicht eingeladen ist. Und ist Emma jetzt überhaupt noch seine Freundin? Beim Gedanken daran, dass sie ihn nicht mehr mag, kommen Otto die Tränen.

Am Montagmorgen ist es so, wie Otto es sich gedacht hatte. Eigentlich hatte er übers Wochenende gar nicht mehr so viel über Emmas Geburtstag nachgedacht. Am Sonntag hatte er ihn sogar komplett vergessen. Aber als er jetzt in die Kita kommt, ist alles wieder da. Aufgeregt berichten Iggy, Pop und Susi, was sie auf der Party gemacht haben: »Erst haben wir Regenbogentorte gegessen«, sagt Susi.

»Und danach Verstecken gespielt«, ergänzt Iggy.

»Und uns dann mit Glitzerschminke gegenseitig bemalt. Iggy sah vielleicht lustig aus!«, erzählt Pop.

»Und dann gab es noch eine riesige Dinosaurier-Pinata! Die wollte einfach nicht aufgehen«, fügt Susi hinzu.

»Am besten war aber der Stop-Tanz«, meint Iggy. »Keiner ist darin so gut wie Pop und ich!«

Otto klingeln die Ohren. Er ist mit einem Mal wieder ganz traurig und will nur noch weg von den fröhlichen Geburtstagsgeschichten. Da ertönt hinter ihm Emmas Stimme.

»Es war ein super Geburtstag. Aber was wirklich gefehlt hat, waren deine Ottofees, Otto! Ich durfte dieses Jahr leider nur vier Kinder einladen, weil ich vier geworden bin, aber nächstes Jahr musst du unbedingt dabei sein!«

Stimmt, denkt Otto. Jetzt fällt es ihm wieder ein: Diese

Regel hat Lottis Papa bei ihrem letzten Geburtstag auch aufgestellt, und Lotti hatte sich tagelang den Kopf darüber zerbrochen, wen von ihren Freunden sie einladen soll. Schweren Herzens hat sie sich dafür entschieden, die anderen Kinder aus dem Ferienlager nicht einzuladen. Dass Emma ihn nicht eingeladen hat, hat also gar nichts damit zu tun, dass sie ihn nicht mehr mag! Als Emma ihn fragt, ob er wieder mit ihr basteln will, ruft er ganz laut und erleichtert »Jaaaaa!«.

»Weißt du, Otto, ich finde diese Regel total blöd. Wenn wir achtzig werden, zeigen wir es unseren Eltern so richtig, einverstanden?«

»Einverstanden«, sagt Otto, und jetzt stören ihn die Geschichten der anderen über die Party überhaupt nicht mehr.

Auch Wölfe weinen

»Hab dich!«, ruft Lotti völlig außer Atem. »Gar nicht! Bääääh!«, entgegnet Otto und streckt seiner besten Freundin die Zunge raus. Das wiederum bringt Susi so sehr zum Lachen, dass sie fast einen Knoten in ihre acht Beine stolpert. Die ganze Woche über haben sie sich schon darauf gefreut: Heute ist wieder Freitag, und Freitag heißt immer: Faaaang-Taaaaaaag.

Lotti, Otto, Emma, Susi, Ernie, Dada und Wulf sind schon ganz außer Puste, doch ans Aufhören ist gar nicht zu denken. Nach einer kurzen Verschnaufpause fängt auch schon die nächste Runde an. Diesmal ist Dada der Fänger. Und er ist superschnell! Wulf läuft vor ihm weg, doch Dada ist ihm dicht auf den Fersen. Normalerweise rennt Wulf allen anderen mühelos davon. Aber heute ist er nicht ganz bei der Sache. Immer wieder wandern seine Gedanken zu dem Moment heute Morgen, als seine Mama zur Arbeit gegangen ist. Jeden Tag gibt sie ihm noch einen Abschiedskuss. Nur heute nicht. Wulf fühlt sich ganz anders als sonst, so, als würde ihm etwas

Wichtiges fehlen. Seine Augen brennen die ganze Zeit, und in seiner Brust kribbelt es. Aber nicht so, wie es kribbelt, wenn er sich auf etwas freut, es ist eher ein Gefühl, das er gar nicht haben möchte. Und dann passiert es: Tränen schießen ihm in die Augen, er zwinkert ein paarmal ganz schnell, damit sie verschwinden. Er will nicht, dass die anderen sehen, wie er weint. Ein Wolf wie er muss schließlich tapfer sein.

»Ist alles in Ordnung?«, fragt Dada von der Seite.

»Alles bestens«, knurrt Wulf ihn an. Doch sein Kopf brummt. In seiner Brust kribbelt es jetzt noch stärker. Wie in einem Ameisennest. Weil er aber nichts weiter sagt, nimmt Dada das Fang-Spiel wieder auf. Den restlichen Nachmittag über schleppt sich Wulf durch die Gegend und versucht, sich nichts anmerken zu lassen. Wenn das Gefühl in seiner Brust doch endlich weggehen würde! Er ist sehr erleichtert, als endlich alle zum Abendessen gerufen werden.

»Knospensalaaaat«, hallt es durch den Wald. Emmas Papa ruft immer am lautesten zum Essen. Emma ist das ein bisschen peinlich, deshalb rennt sie, so schnell sie kann, los und merkt erst, als sie schon fast vor ihrer

Haustür steht, dass sie ihren Rucksack auf dem Spielplatz vergessen hat. Also dreht sie um und läuft, so schnell sie kann, wieder zurück. Glück gehabt! Ihr Rucksack lehnt noch an der Parkbank. Doch was ist das für ein Geräusch? Es klingt, als würde jemand weinen! Vorsichtig pirscht sich Emma an den Busch heran, von dem das Weinen kommt, und späht zwischen den Zweigen hindurch. Es ist Wulf, der da hockt und weint. Er hat Emma noch nicht gesehen. Er tut ihr leid. Niemand sollte alleine hinter Büschen sitzen und weinen! Deshalb geht sie um den Busch herum und sagt: »Hey, Wulf, was ist denn los?« Wulf hebt erschrocken den Kopf. Seine Augen sind ganz nass und rot.

»Lass mich in Ruhe«, knurrt er. »Es ist gar nichts los.«

Aber Emma lässt nicht locker. »Deine Augen sind ja ganz rot. Soll ich dich nach Hause bringen?«

Emmas Stimme klingt so mitfühlend, dass Wulf nicht anders kann, als zu schluchzen. »Den ganzen Nachmittag über habe ich so getan, als wäre alles in Ordnung. Dabei war ich schon den ganzen Tag traurig. Meine Mama ... meine Mama hat mir heute Morgen keinen Abschiedskuss gegeben. Nun fühle ich mich ganz traurig, und mein Herz drückt.« Jetzt ist es raus. Und es fühlt sich gut an, dass er jemandem gesagt hat, was ihn bedrückt. Viel besser, als es mit sich herumzutragen.

»Aber, Wulf, warum hast du denn nichts gesagt? Wir sind doch deine Freunde!«, sagt Emma.

»Weil ich ein Wolf bin und keine Maus! Und Wölfe weinen nicht. Sie sind stark und kennen keine Schwäche.«

»Aber das ist doch totaler Quatsch! Warum denkst du das?«, fragt Emma stirnrunzelnd.

»Das hat mein Opa gesagt.« Wulf zuckt nur mit den Schultern. Wieder läuft ihm eine Träne über die Wange.

»Also, Wulf, ich finde, dass man auch als Wolf mal traurig sein darf. Oder wütend. Oder ängstlich. Alle Gefühle sind doch für alle Tiere da! Das sagt mein Papa immer, wenn er mal weint.«

»Dein Papa weint?«, fragt Wulf überrascht.

»Ja, na klar. Mein Bruder auch«, sagt Emma. Das haut Wulf wirklich um. Sein Opa Wolf-gang hat doch immer gesagt, dass Jungen nicht weinen.

Und dann nimmt Emma Wulf in den Arm, einfach so. Wulf macht sich erst ganz steif und will sie wegschieben, doch dann merkt er, wie schön es sich anfühlt, gehalten zu werden. Emma sagt nichts, sondern streicht ihm nur über den Rücken. Und Wulf kann seine Tränen laufen lassen, bis ihm nicht mehr nach Weinen zumute ist.

»Jetzt drückt mein Herz gar nicht mehr«, sagt er. Emma lächelt, steht auf und streckt ihm ihre Hand hin.

»Komm, ich bring dich jetzt nach Hause. Ich bin sicher, deine Mama hat es heute Morgen nur vergessen, weil sie in Eile war, und wartet jetzt schon auf dich.«

Wulf nimmt Emmas Hand und lässt sie den ganzen Heimweg über nicht los. Und Emma hat recht: An der Haustür wartet schon seine Mama und drückt ihm zur Begrüßung einen dicken, fetten Kuss auf die Wange.

Der Wald brennt

»Uff«, stöhnt Wulf.

»Uhhhh«, sagt Otto.

»Puuuuuuh«, macht Dada.

Alle stöhnen im Kanon. Es ist Sommer und furchtbar heiß. Seit Wochen hat es nicht mehr geregnet. Die Blumen lassen schon die Köpfe hängen. Die Bienen sind zu träge, um umherzusummen. Der Boden ist ganz staubig. Die Kinder haben sich in den Schatten der Bäume an der Lichtung geflüchtet, liegen im Gras und haben alle viere von sich gestreckt. Das ist in den letzten Tagen das Einzige, was sie tun können, ohne zu stark zu schwitzen. Sie nennen es herumflundern, weil sie platt wie Flundern auf dem Boden liegen. Flundern sind ganz platte Fische, die den ganzen Tag nur auf dem Boden herumliegen. So stellen sie es sich zumindest vor, denn in echt hat noch niemand von ihnen eine Flunder gesehen. Ab und zu hebt einer den Kopf, um etwas Wasser zu trinken.

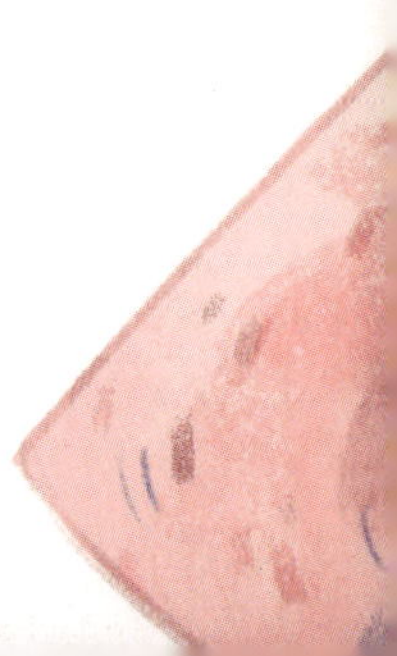

Davon haben sie reichlich dabei, denn wenn es heiß ist, muss man sehr viel trinken. Das lernen die Otterbacher Kinder schon in der Kita.

»Ich bin vom vielen Herumflundern ganz matschig im Kopf«, klagt Lotti. »Ich wünschte, es würde mal wieder etwas passieren! Ein Abenteuer! Ein klitzekleines reicht auch.« Gelangweilt rollt sie sich im trockenen Gras herum. Es ist so ausgedörrt, dass es unter ihr knirscht. Autsch!

Was war das? Etwas hat Lotti in den Rücken gepikt. Verwundert zieht sie den Übeltäter unter ihrem Rücken hervor. Es ist ein Stück durchsichtiges Glas. Eine Scherbe, vielleicht von einer Flasche. Lotti dreht die Scherbe hin und her. Wenn das Sonnenlicht, das durch die Blätter der Bäume scheint, darauf fällt, blinkt das Glas. »Schaut mal, Leute, wie hübsch das aussieht«, sagt sie zu den anderen. Träge heben ihre Freunde die Köpfe. Lotti blinkert sie der Reihe nach mit der Scherbe und dem Sonnenlicht an, sodass sie die Augen zusammenkneifen müssen.

»Nicht lustig, Lotti«, sagt Otto, und Lotti richtet das Scherbenlicht schnell auf den Boden. Was für hübsche Muster es ergibt, wenn das Licht auf das Gras fällt! Eine Weile sitzt Lotti da und spielt gedankenverloren mit der Scherbe und dem Licht herum. Plötzlich steigt Rauch von dem Grasbüschel auf, auf das sie die ganze Zeit das Licht gerichtet hatte.

»Was passiert hier?«, fragt Lotti erschrocken.

»Oh nein, Lotti, du hast das Gras angezündet«, sagt Emma alarmiert. »Wenn es so trocken ist, entsteht ganz schnell ein Brand!«

Bei dem Wort »Brand« schrecken die anderen aus ihrer Flunderposition hoch und kommen hektisch auf die Füße. Alle rufen durcheinander und stolpern in unterschiedliche Richtungen. »Uaaaaaah, was ist, wenn der ganze Wald in Flammen aufgeht?«, kreischt Flederichsen. Auch der sonst so coole Wulf hat Angst:

»Feuer, Feuer! Hilfe!«

Das Grasbüschel qualmt inzwischen munter vor sich hin. Die Flamme breitet sich schon auf die Grasbüschel im Umkreis aus, die genauso trocken sind. Lotti ist ganz starr vor Schreck. Den Wald hatte sie ganz sicher

nicht anzünden wollen! Was sollen sie denn jetzt bloß tun? Bis jemand ins Dorf gelaufen ist und die Erwachsenen geholt hat, ist es vielleicht schon zu spät? Die anderen rufen immer noch durcheinander, aber niemand unternimmt etwas, um das entstehende Feuer zu löschen.

Nur Emma behält als Einzige einen kühlen Kopf. »Stopp jetzt!«, ruft sie. »Ihr müsst versuchen, ruhig zu bleiben. Sonst wird alles nur noch schlimmer. Lotti, Otto, Wulf, Fled, Dada

– reicht mir mal bitte eure Trinkflaschen«, sagt sie entschieden »Wir müssen jetzt schnell handeln.«

Die anderen folgen Emmas Anweisungen. Blitzschnell greift Emma zu der Picknickdecke, auf der sie eben noch herumgeflundert haben, und spritzt sie mit dem Trinkwasser plitscheplatschenass. »Emma, was machst du da?«, fragt Lotti verdattert. Doch Emma ist viel zu konzentriert, um zu antworten. Dann nimmt sie die nasse Decke, rennt mit ihr

zu dem Busch und wirft sie gezielt über das Feuer, bis es nur noch qualmt und nichts mehr brennt. Die Grasbüschel sehen jetzt etwas mitgenommen und grau aus. Erleichtert atmen die Kinder auf. Die Gefahr ist gebannt!

»Woher wusstest du, was zu tun ist?«, fragt Lotti und sieht Emma bewundernd an. Emma schiebt ihre Brille zurecht und sagt nicht ohne eine Spur von Stolz:

»Meine Tante Billy ist bei der Freiwilligen Waldfeuerwehr. Sie hat mich und meinen Bruder Justin schon öfter mit in die Feuerwache genommen und uns dort ganz viel erklärt. Was haltet ihr davon, wenn ich sie mal frage, ob sie uns allen einen Feuer-Crashkurs geben kann, damit ihr beim nächsten Mal auch wisst, was zu tun ist?«

»Das wäre wirklich oberotterspitzenhammermäßig!«, sagt Lotti. »Ich habe einen ganz schönen Schrecken bekommen. Ich wusste gar nicht, dass so ein Brand entstehen kann!« Sie lässt sich auf den Po plumpsen und hebt entschuldigend die

Schultern. »Oh Mann, wenn ich gewusst hätte, wie schnell mein Wunsch in Erfüllung geht, als ich mir ein Abenteuer gewünscht habe … ab jetzt wünsche ich mir nur noch ganz friedliche, ruhige Dinge!«

»Einen Flunder-Nachmittag zum Beispiel?«, schlägt Wulf vor.

Damit sind alle einverstanden. Kurz darauf liegen alle Kinder wieder auf dem Boden, haben alle viere von sich gestreckt und jammern über die Hitze. Aber alle sind sehr froh, dass ihnen und dem Wald nichts passiert ist.

Angebär Björn

Björn ist der Sohn von Bärndt, dem besorgten Bären. Aber er wird von allen Kindern im Wald nur Angebär genannt, weil er immer rumprahlt. Wer hat das coolste Schwert? Björn! Wer hat den stärksten Papa? Björn! Wer hat die meisten Sammelkarten? Natüüüürlich Björn!

Keiner kann es mehr hören. Langsam sind alle Kinder genervt von ihm. Aber Björn merkt das gar nicht. »Björn hat mir gerade erzählt, dass er beim Basteln das größte Haus von allen gebastelt hat«, sagt Dada zu den anderen Kindern. »Und das schönste«, seufzt Emma. »Und das bunteste«, meldet sich Otto zu Wort.

»Manchmal habe ich schon gar keine Lust mehr, mit ihm zu spielen«, murrt Elli. Ein paar Kinder murmeln zustimmend.

»Andere auszugrenzen, ist aber gar nicht schön«, meldet sich Susi zu Wort. Sie mag Björn, weil er ihr immer die Spielsachen aus den oberen Fächern des Regals holt. »Habt ihr schon mal darüber nachgedacht, warum Björn so ein Angebär ist? Vielleicht kommt er zu Hause nie zu Wort, weil sein Papa so viel redet? Vielleicht hat er Angst, dass wir ihn nicht mögen, wenn er nicht in allem der Beste ist oder von allem das Beste besitzt?« Die anderen Kinder schauen sie schweigend an. Nein, darüber haben sie wirklich noch nie nachgedacht. Aber was, wenn Susi recht hat?

»Ich finde, wir sollten ihm helfen, statt uns über seine Angebärei zu ärgern«, schlägt Emma vor.

»Ich habe eine Idee!«, sagt Iggy. »Wir sollten ihn mit seinen eigenen Waffeln schlagen!«

»Das heißt Waffen«, korrigiert ihn Pop.

»Aber Waffeln klingt viel netter. Wir sollten Björn auf eine freundliche Art zeigen, dass seine Angeberei nervt. Und zwar sollten wir ...« Er holt die anderen zusammen und fängt an zu tuscheln, als er ihnen seinen Plan erklärt. Die anderen Kinder hören ihm gebannt zu.

Als Björn am nächsten Tag in die Kita kommt, scheint alles wie immer zu sein. Die Kinder spielen in kleinen Grüppchen. Björn gesellt sich zu Iggy, Otto und Susi, die auf dem

Straßenteppich mit Autos spielen. »Guck mal, Björn, mein Auto ist das schnellste!«, sagt Iggy und wedelt mit seinem blauen Flitzer herum.

»Schau dir mal meins an, Björn, denn es ist das größte!«, ruft Otto.

»Aber mein Auto ist das aller-aller-aller-aller-coolste, das kann nämlich fliegen!«, sagt Susi stolz und lässt ihr Auto nur ganz knapp an Björns Gesicht vorbeisausen. Björn weiß gar nicht, was er sagen soll. Er flüchtet sich in eine andere Ecke, wo Emma und Dada sitzen und auf einem großen Bogen Papier malen. »Oh, hallo Björn!«, sagt Emma. »Findest du nicht auch, dass meine Blume viel schöner aussieht als die von Dada? Seine ist total mickrig.«

»Ähm, also, ich finde Dadas Blume eigentlich ziemlich hübsch …«, sagt Björn, doch im gleichen Moment schaut Emma zu ihm auf und sagt: »Ist mein Fell heute nicht glänzend? Und fühl mal, so seidig! Niemand hat so weiches Fell wie ich!«

»Björn, hast du schon mein Springseil gesehen?«, ruft Pop von der anderen Seite des Raumes. »Ich wette, es ist viel länger als deins!« Jetzt wird es Björn zu bunt. Er versteht gar nichts mehr. Was wollen die denn heute alle von ihm?

Er versteckt sich schnell in der Kuschelecke und gräbt sich tief in den Kissenberg hinein. Warum sind das denn alle solche Angeber? Es ist unmöglich, mit ihnen zu sprechen oder zu spielen.

Plötzlich wird es Björn abwechselnd ganz heiß und kalt. Ist er etwa … ganz genauso?

Beschämt fängt er an zu weinen. Da fühlt er eine kleine Hand, die ihn streichelt. Es ist Otto, der ihn nun ganz fest in den Arm nimmt. Dann kommt Emma hinzu und Iggy und Pop, aber ganz vorsichtig, schließlich wollen sie niemanden mit ihren Stacheln piksen. Und Elli. Und Susi. Und Dada.

Und all die anderen Kinder auch. Bis sie alle ein riesiges Umarmungs-Knäuel bilden.

»Es tut mir so leid«, schluchzt Björn. »Ich wollte nie so ein schrecklicher Angeber sein. Ich wollte nur, dass ihr mich mögt.«

»Und das tun wir!«, ruft Susi fröhlich. »Wir mögen den Björn, der nicht die ganze Zeit angibt. Mit dem man lachen, spielen und Spaß haben kann.«

»Ich schätze, eure Lektion habe ich verdient«, sagt Björn kleinlaut.

»Ja«, sagt Emma und zwinkert ihm zu. »Wir haben dich mit deinen eigenen Waffeln geschlagen!«

»Waffeln?«, fragt Björn verwirrt.

»Das heißt eigentlich Waffen«, erklärt Pop. »Aber Waffeln sind halt einfach freundlicher.«

»Apropos Waffen«, sagt Björn. »Ich habe ein neues Schwert. Wollt ihr es sehen? Es ist das aller...« Er stockt. »Äh, also das allernormalste Schwert der Welt. Überhaupt nichts Besonderes.«

Die anderen Kinder müssen lachen. Emma knufft ihn liebevoll in den Arm.

»Vielleicht kann ich es ja mal ausleihen? Ich finde es nämlich ziemlich cool!«, sagt Elli und zwinkert ihm zu. »Aber klar doch!« Björn lacht erlöst auf, und den Rest des Nachmittags spielen alle Kinder zusammen ohne auch nur eine einzige Angeberei.

Die Mutprobe

»Dort oben soll ich rauf?«, fragt Otto und legt den Kopf weit in den Nacken, damit er Ernie Eichhorn sehen kann. Der sitzt auf einem Ast auf dem großen Baum und versteckt eine Nuss in einem Astloch. Otto muss eine Mutprobe bestehen: auf den Baum klettern und die Nuss herunterholen. Mutproben sind das neueste Lieblingsspiel der Kinder im Dorf. Einige von ihnen waren schon dran: Lotti musste an einem Seil über eine Grube schwingen, Fledrichsen im Dorfteich nach einer Münze tauchen, Wulf auf Steinen über den Bach balancieren und Björn mit verbundenen Augen einen Parcours durch den Wald bewältigen.

»Du schaffst das schon!«, sagt Fledrichsen und klopft ihm auf die Schulter.

Hilfe suchend sieht Otto zu Lotti und tritt von einem Bein aufs andere. Für sie wäre das hier sicher ein Klacks. Doch Otto ist mulmig zumute. Am liebsten steht er mit beiden Beinen fest auf dem Boden. Aber er möchte den anderen beweisen, was in ihm steckt. Und ein bisschen auch sich selbst. Da ruft Ernies Papa ihn zum Essen. Auch Fledrichsen muss nach Hause. »Dann aber morgen! Selbe Stelle, selbe Zeit!«, sagt er und flattert davon.

Otto atmet auf. Aber aufgeschoben ist nicht aufgehoben, das ist ihm klar. »Du, Otto, mir fällt da etwas ein«, sagt Lotti. »Meine Oma hat mir von einem geheimen Kraut erzählt, das jedem, der von ihm isst, einen Löwenmut verleiht! Es ist nur leider superselten.«

Das ist die Rettung! »Lotti, hilfst du mir, nach dem Kraut zu suchen? Bitte!« Natürlich will Lotti ihrem Freund helfen.

Gleich am nächsten Morgen gehen Lotti und Otto auf Mutkrautsuche. Doch vergeblich: Vom Mutkraut ist im ganzen Wald keine Spur zu finden. Traurig lässt Otto den Kopf hängen. »Wie soll ich denn ohne das Kraut jemals die Mutprobe bestehen?«, fragt er.

»Keine Sorge, Otto, wir finden es schon noch«, tröstet ihn Lotti. Sie raschelt hier und da zwischen Büschen herum, späht hinter jeden Baum und dreht sogar Steine um, um nachzusehen, ob das Kraut darunter wächst. »Wie sieht es denn eigentlich aus, das Kraut?«, will Otto wissen.

»Es hat spitze Blätter und kleine weiße Blüten, hat meine Oma gesagt. Wenn ich nur wüsste, wo es wächst …«, murmelt Lotti und entfernt sich ein Stück von Otto. Entmutigt lässt sich Otto ins Gras plumpsen. Es ist schon fast Mittag. Heute Nachmittag muss er seine Mutprobe antreten. Ohne das Kraut wird er sich gar nicht erst auf den Baum trauen. Er seufzt und vergräbt das Gesicht in den Händen. Da hört er plötzlich Lotti vor Freude kreischen. Blitzschnell ist er auf den Beinen und eilt zu ihr. Sie hat sich an einem kleinen Bach ins Gras gekauert und hält etwas in den Händen. Es ist grün und weiß – das Mutkraut! Otto kann es nicht fassen. Lachend und jubelnd

tanzen die beiden Otterkinder im Kreis herum. »Jetzt aber schnell, Otto, zurück ins Dorf, damit du deine Mutprobe nicht verpasst!«, sagt Lotti schließlich. Otto kann es jetzt plötzlich gar nicht mehr erwarten.

Am Dorfrand warten schon die anderen auf sie. Schnell zupft Otto ein paar Blüten des Mutkrauts ab und steckt es sich in den Mund. Es schmeckt ganz gut, ein bisschen wie Salat, nur würziger. Otto fühlt sofort, wie Mut durch jede Faser seines Körpers strömt. Es wirkt! So selbstsicher hat er sich

noch nie gefühlt. Entschlossen nickt er den anderen zu und geht zum Baum. Als hätte er sein Leben lang nichts anderes gemacht, setzt er einen Fuß vor den anderen, hält sich mit den Händen an den Unebenheiten in der Rinde fest und arbeitet sich langsam und mit festen Tritten den Stamm hinauf, bis er schließlich den Ast erreicht, auf dem Ernie die Nuss versteckt hat. Ebenso sicher, wie er hinaufgeklettert ist, klettert er nun wieder herunter und hält triumphierend die Nuss in die Höhe. Die anderen sind sprachlos. Otto kann die Bauklötze förmlich sehen, die sie staunen. Er fühlt sich selbst ganz taumelig vor Freude und Stolz.

Später sagt Otto zu Lotti: »Ohne dein Mutkraut hätte ich das nie geschafft! Es hat mir wirklich einen Löwenmut verliehen.«

Lotti grinst ihn breit an. »Das war gar kein Mutkraut. Es war ein ganz normales Waldkraut namens Vogelmiere. Ich habe es mir nur ausgedacht, weil ich wusste, dass du einen kleinen Schubser brauchst. Aber du hast das heute ganz allein geschafft. Du brauchst gar keinen Löwenmut, Otto.«

»Stimmt«, sagt Otto. »Ich habe nämlich etwas viel Besseres: Ottermut! Und jetzt habe ich außerdem einen Otterhunger. Magst du bei uns zu Abend essen?« Lotti nickt wie wild. Zum Essen muss man Lotti wirklich nie zweimal bitten. Und dann balancieren die beiden Otterkinder oberotterspitzenhammermutig über einen hohen Baumstamm in Richtung Ottos Haus.

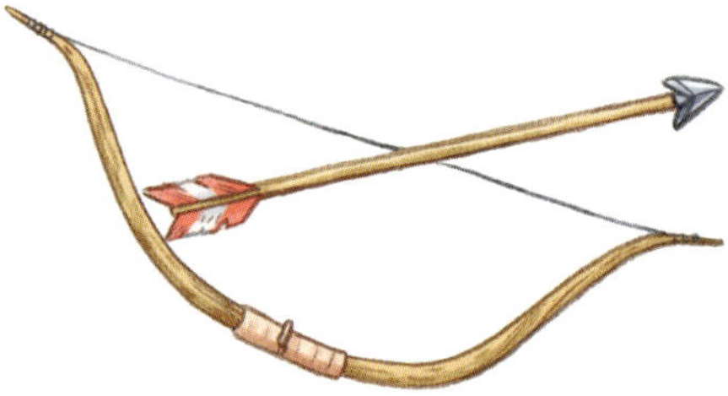

Der ottergigantomanische Wintertag

Die ganze Nacht über hat es geschneit. Der Otterbacher Wald sieht aus wie mit Zuckerguss überzogen. Otto findet das ottergigantomanisch und nimmt sich gleich vor, seine Ottofees das nächste Mal mit eeeeextra viel Zuckerguss zu schmücken. Eine Winter-Edition sozusagen! Er will Lotti sofort davon erzählen, wenn sie gleich zu ihm kommt. Und danach machen sie eine Schneeballschlacht! Doch als Lotti endlich da ist, kann Otto sie für gar nichts begeistern. »Komm, Lotti, lass uns den ottergigantomanischsten Wintertag erleben! Ich verspreche dir, den wirst du dein Leben lang nicht mehr vergessen!« Aber Lotti möchte nicht rausgehen, sondern lieber drinnen im Warmen bleiben. Lotti mag den Winter einfach nicht. Es ist kalt, es wird schnell dunkel, und man kann überhaupt nicht so schön

draußen rumräubern wie im Sommer. Im Sommer kann man auf Bäume klettern, Fußball spielen, Volleyball, Hockey. »Der Winter ist ein Vollidiot!«, schimpft Lotti. Doch das sieht Otto anders, und er möchte es ihr unbedingt beweisen. Da erinnert er sich an ein Buch, das er mal gelesen hat. Darin ging es um fiese Schneemonster, und seine beste Freundin Lotti ist schließlich die allerbeste Monsterjägerin der Welt.

»Lotti, hast du schon mal vom Schneemonster gehört?«, fragt Otto zögerlich. »Schneemonster? Nein, davon habe ich noch nie was gehört«, sagt Lotti mit leicht neugieriger Stimme. »Kein Wunder, das bekommt ja auch nur superselten jemand zu Gesicht, weil es ganz weiß und perfekt im Schnee getarnt ist.« »Echt?«, fragt Lotti. Mit Abenteuern kriegt man sie immer. Schneller, als Otto gucken kann, ist sie auf den Beinen.

»Wir müssen es finden, aber ich möchte auf keinen Fall frieren!«, sagt sie. Otto schleppt alle dicken Pullover, Schals und Mützen an, die er finden kann. Er schafft es, drei Schichten übereinander anzuziehen, Lotti schafft sogar vier. Als Ottos Mama die beiden sieht, lacht sie und sagt, dass sie so bald schrecklich schwitzen werden. Also ziehen beide wieder zwei Schichten aus. Jetzt kann es aber losgehen! Dick eingepackt stapfen sie durch den tiefen Schnee und halten Ausschau nach dem Schneemonster. Also, vor allem Lotti. Otto hat ja eigentlich eher ein bisschen Angst vor Monstern. Gut, dass es das Monster nur in Geschichten gibt. Oder?

»Wie sieht es denn eigentlich genau aus, das Schneemonster?«, will Lotti wissen.

»Groß. Weiß. Sehr haarig. Und gefährlich!«, erklärt Otto schnell. Nicht dass Lotti wieder reingehen möchte. Lottis Augen leuchten. Große und gefährliche Monster sind ganz nach ihrem Geschmack. Halt, hat es da nicht eben verdächtig hinter ihnen geknackt? Lotti schaut sich suchend um. Aber sie kann nichts entdecken. Nur Schnee weit und breit.

»Vielleicht kommt das Monster nur raus, wenn es denkt, dass wir es nicht bemerken«, überlegt Otto. »Sollen wir eine Schneeballschlacht machen?« Als Lotti zustimmt, jubelt er innerlich. Sein Plan, Lotti mit dem Schneemonster nach draußen zu locken und dazu zu bringen, mit ihm eine Schneeballschlacht zu machen, ist voll aufgegangen! Nach der Schneeballschlacht möchte Otto noch Schnee-Otter machen. Das geht ganz einfach: Man legt sich auf den Rücken in den Schnee und bewegt die Arme auf und ab und macht die Beine auf und zu. Schnell haben Lotti und Otto eine ganze

Schnee-Otter-Familie produziert. Danach fangen sie Schneeflocken mit der Zunge und den Fingerspitzen und versuchen, sie ganz genau zu betrachten. Jede Schneeflocke unterscheidet sich von den anderen und ist ein kleines Kunstwerk.

»Wie viele verschiedene Schneeflocken es wohl gibt?«, überlegt Lotti.

»Unendlich viele!«, ruft Otto und bewirft Lotti mit einem Ball aus weichem Schnee.

Sie bewerfen sich gegenseitig, bis sie beide von oben bis unten völlig schneefleckig sind.

Als Nächstes holt Otto seine Schlittschuhe aus dem Schuppen. »Meine Mama hat gesagt, dass das Eis auf dem See heute dick genug ist zum Schlittschuhfahren. Vielleicht kommt das Schneemonster ja raus, wenn es uns auf dem Eis sieht«, sagt er. Lotti seufzt. Wenn Otto Schlittschuhfahren sagt, dann meint er Eiskunstlaufen. Und das kann Lotti leider gar nicht. Pirouetten drehen ist nicht ihre Welt. Dazu ist sie viel zu tollpatschig.

Während Otto selig auf dem glitzernden Eis umhergleitet und sich umherwirbelt und dreht und komplizierte Sprünge übt, läuft Lotti am Ufer hin und her. Langsam glaubt sie nicht mehr daran, dass es das Schneemonster wirklich gibt. Bestimmt mögen Monster den Winter auch nicht. So wie sie. Hat sie ja gleich gesagt, dass der Winter ein Vollidiot ist. Kein Wunder, dass Welche-Monster-auch-immer da nicht vor die Türe gehen wollen. Sie hebt einen Stock auf und lässt ihn über das Eis schlittern. Dann vergräbt sie mürrisch die Hände in den plüschigen Taschen ihrer Jacke. Im Winter ist einfach

nichts los. Wäre sie mal dringeblieben. Da hätte sie eine heiße Schokolade vor dem warmen Kamin trinken können, in eine Decke eingekuschelt. Sie kickt lustlos mit einem Stock einen Stein vor sich her, doch der schießt immer schneller über das Eis. Während Otto auf der einen Seite des Sees Schleifen fährt und rückwärtsgleitet, jagt Lotti auf der anderen Seite dem Stein nach. Immer, wenn sie ihn eingeholt hat, schiebt sie ihn mit Schwung mithilfe des Stocks wieder weit von sich weg. »Hey! Cool! Eishockey!«, ruft Otto von der anderen Seite des Sees und hebt den Daumen. Eishockey? Ja klar, das ist es. Lotti hat inzwischen sogar total vergessen, dass sie ja eigentlich gerade schlechte Laune hat, weil sie den Winter ja eigentlich gar nicht mag. Gleich morgen will sie eine Eishockey-Mannschaft zusammenstellen: Wulf und Iggy und Emma und Elli sind bestimmt sofort dabei! Sie will Otto von ihrem Plan erzählen. Doch als sie sich umdreht, traut sie ihren Augen kaum.

Eine Gestalt kommt auf sie zu! Sie ist groß … und weiß … und haarig und stößt gefährliche Laute aus. »Uaaaaaah!«

»Otto! Otto!«, ruft Lotti. Doch der dreht sich gerade auf einem Bein um sich selbst und hört sie nicht. Das Schneemonster kommt immer näher und

steuert direkt auf den See zu. Oh nein! Lotti muss etwas tun, sonst holt es sich Otto! Jetzt hat auch Otto das Monster entdeckt und erschrickt. Wie kann das sein? Er hatte es sich doch nur ausgedacht! Doch jetzt ist es hier, nur wenige Meter von ihm entfernt. Es sieht noch viel gruseliger aus als auf den Bildern in seinem Buch.

Jetzt betritt das Monster das Eis. Vor Angst kann sich Otto

nicht mehr rühren. Schlägt jetzt sein letztes Stündlein? Das Schneemonster schlittert auf dem Eis umher und rudert mit den Armen. Jetzt streckt es die Pranke nach Otto aus – doch Lotti macht einen Riesensprung und stürzt sich von hinten auf es. Sie rutscht auf ihm bis vor Ottos Füße.

Otto pustet erleichtert die Luft aus, die er vor Angst angehalten hatte. Doch dann guckt er genauer hin und erkennt, dass das Schneemonster gar kein Schneemonster ist. Es ist Bärndt! Auch Lotti hat ihn jetzt erkannt und rappelt sich verwundert hoch.

»Bärndt?«, fragt sie. »Wie siehst du denn aus, und warum bist du voller Schnee?«

Bärndt prustet und wischt sich eine Ladung Schnee aus dem Gesicht und von den Augen. Jetzt kann er endlich wieder etwas sehen. Verwirrt blickt er sich um. »Ich bin dort hinten gestolpert und einen Hang hinuntergerutscht. Danach habe ich die Orientierung verloren.«

»Puh, und wir dachten, du wärst ein Schneemonster!«, sagt Lotti lachend.

»Wir sollten dich besser zu mir nach Hause bringen«, sagt Otto. »Du hast ja ganz blaue Lippen.« Zu Hause wartet schon Ottos Mama mit dampfenden Bechern heißer Schokolade auf die Schnee-Abenteurer. Sie machen es sich gemeinsam vor dem Kamin gemütlich, eingemummelt in dicke Decken, und seufzen glücklich. »Das war wirklich ein ottergigantomanischer Wintertag!«, sagt Lotti begeistert. »Lass uns morgen gleich wieder Schnee-Otter machen und Monster jagen und Schneeflocken mit der Zunge auffangen und Pirouetten drehen und uns mit Schneebällen bewerfen und Eishockey spielen.« »Siehst du«, sagt Otto, »der Winter ist eben doch kein Vollidiot.«

Otto im Rock

Otto flitzt durchs Haus und trifft letzte Vorbereitungen. Gleich beginnt seine Party – eine Kostümparty! Otto hat weder Geburtstag, noch ist Weihnachten oder Silvester, aber er hatte Lust, einfach so eine Party mit seinen Freunden zu feiern, und seine Mama schlug vor, dass es doch eine Kostümparty sein könnte. Jeder soll ein paar Klamotten von zu Hause mitbringen, von den Eltern, den Großeltern und den Geschwistern, damit die Kinder eine große Auswahl für ihre Verkleidungen haben. Noch sind seine Gäste aber nicht da, und Otto und seine Mama verteilen Luftschlangen im ganzen Wohnzimmer und bauen ein Buffet auf, damit auch sicher niemand verhungert. Natürlich hat Otto seine beliebten Ottofees gebacken und sie zur Feier des Tages mit bunten Zuckerstreuseln dekoriert. Gerade als er die Kanne mit der selbst gemachten Limonade auf den Tisch gestellt hat, klopft es an der Tür. Es sind Iggy und Pop, und sie haben einen riesigen Sack dabei. »Unsere Mama hatte noch ganz viele Klamotten, die sie eigentlich in die Kleiderspende geben wollte«, erklärt Iggy. »Aber sie meinte, dass wir sie heute erst mal benutzen dürfen.«

Kurz darauf erscheinen Emma, die ebenfalls eine Tasche mit Kleidung dabeihat – »Von meinem Opa!« –, und Wulf mit einem Beutel. Lotti ist wie so oft die Letzte. Diesmal hat sie aber eine gute Ausrede für ihr Zuspätkommen: Sie schleppt nämlich einen Rucksack, der fast größer ist als sie und sicher hundert Kilo wiegt. »Ich habe ganz viele Kostüme von meinem Papa dabei«, schnauft sie. »Der war nämlich früher mal beim Theater!«

Sofort machen sich die Kinder daran, alles aus den Beuteln und Taschen zu holen und im ganzen Zimmer zu verteilen. Staunend wühlen sie sich durch die Berge an Klamotten. Lotti taucht ganz tief in einen Stapel hinein, sodass nur noch ihre Beine herausschauen. Jeder stellt sich eine Verkleidung zusammen. Nach einer Weile treffen sie sich in der Mitte des Zimmers, dem einzigen Ort, an dem man noch gehen und stehen kann. Otto macht große Augen, als er Wulf sieht. Er

trägt einen feinen Anzug und auf dem Kopf einen Zylinder. So elegant hat Otto ihn noch nie gesehen! »Ich bin ein englischer Gentleman aus einer längst vergangenen Zeit«, erklärt Wulf und spricht dabei ganz komisch, so als würde er eine andere Sprache nachmachen. Seine große Schwester liebt Romane, die in England vor hundert Jahren spielen, und zeigt ihm immer die Bilder, die vorne auf den Büchern drauf sind. Alle Männer dort sehen so aus wie er jetzt. Emma trägt ein hübsches Kleid mit Blumen und einen Schleier, der bis auf den Boden fällt. Es war der Hochzeitsschleier ihrer Mama. »Ich bin ein Blumenkind aus den Siebzigerjahren«, sagt sie. Von den Blumenkindern, den Hippies, weiß sie, weil ihre Großeltern selbst mal welche waren. Sie haben barfuß auf Konzerten getanzt, und ihr Opa hatte ganz lange Haare. Emma liebt die Geschichten über diese Zeit.

»Wollt ihr beide euch gar nicht verkleiden?«, fragt Wulf verwundert, als er Iggy und Pop anschaut. Die beiden tragen immer noch ihre Hosen. Iggy eine gelbe, Pop eine grüne. Die Igelzwillinge sehen sich kurz an und prusten dann los.

»Aber wir haben uns doch verkleidet!«, ruft Iggy.

»Habt ihr?«, fragt Emma verwirrt. »Als was denn?«

»Na, als Iggy und Pop!«, ruft Pop, der eigentlich Iggy ist.

»Wir haben unsere Hosen getauscht«, erklärt Iggy, der eigentlich Pop ist.

Jetzt müssen die anderen auch lachen. Da haben die beiden sie aber ordentlich an der Nase herumgeführt! Da zieht Lotti alle Blicke auf sich. Sie sieht spektakulär aus: Sie trägt einen glitzernden Anzug, einen knallpinken Haarreifen und Schuhe mit hohen Absätzen, auf denen sie schwankt wie ein Grashalm im Wind. Trotzdem hält sie das Kinn stolz erhoben und breitet die Arme aus, damit sie alle bewundern können.

»Und als was hast du dich verkleidet?«, fragt Pop, der eigentlich Iggy ist. »Eine Hose mit hohen Schuhen? Das geht doch nicht. Wenn du elegant aussehen möchtest, musst du ein Kleid anziehen, wie meine Mama, wenn sie ausgeht«, ruft Wulf empört.

»Klar geht das«, entgegnet Lotti. »Ein Mädchen kann eine

Hose tragen und trotzdem schick aussehen.« »Stimmt!«, ruft Emma. »Meine Tante Billy trägt auch immer Hosenanzüge!« Die anderen nicken zustimmend. Emma hat total recht, sie alle haben schon mal eine Frau in einer Hose gesehen.

»Und was willst du darstellen?«, fragt Wulf Otto, der in diesem Moment mit einem langen Rock den Raum betritt.

»Ähm, mir gefällt der Rock einfach. Er passt zu meinem Lieblings-Blumenhemd«, nuschelt Otto verlegen. Bis eben fand er sich in dem langen Rock, den er aus Lottis Kleiderstapel gezogen hat, wunderschön. Der Rock ist weit und schwingt ganz lustig beim Gehen. Aber jetzt starren ihn alle an, und er fühlt sich unwohl.

»Du kannst keinen Rock anziehen«, sagt Iggy, der eigentlich Pop ist. »Du bist ja gar kein Mädchen. Nur Mädchen dürfen das.« Die anderen nicken zustimmend. Ein Mädchen in einer

Hose, das geht, aber ein Junge im Rock, das geht gar nicht. Die Tierkinder sind sich einig. »Ach so«, sagt Otto, der das bisher gar nicht wusste. Er will den Rock schon wieder ausziehen, als Lotti sich neben ihn stellt und die anderen ernst anschaut.

»Das ist doch totaler Blödsinn. Otto ist einfach Otto in Klamotten, die ihm gefallen. Warum sollen Hosen nur für Jungs und Röcke nur für Mädchen sein? Jeder sollte anziehen dürfen, was er oder sie möchte. Ihr Jungs wisst ja gar nicht, was euch entgeht, wenn ihr keine Röcke tragt. Probiert es doch einfach mal aus.«

Wulf und Iggy und Pop sehen sich verdattert an. Aber Pop ist jetzt auch ein bisschen neugierig geworden. Was, wenn ihm wirklich etwas entgeht? Er greift sich einen Rock von dem Kleiderstapel, neben dem er steht, und zieht ihn an. »Es fühlt sich wirklich ganz schön an«, sagt er verwundert und läuft im Zimmer herum. »So frei und luftig.« Auch Iggy will es jetzt wissen. Er findet ein Latzkleid, das genauso gelb ist wie seine Latzhose.

»Stimmt«, sagt er schließlich. »Es ist viel besser als meine Hose. Warum sollen nur Mädchen so was Bequemes anziehen dürfen?«

Wulf schnaubt durch die Nase. Sind die jetzt alle verrückt geworden? »Komm schon, Wulf«, sagt Lotti. »Probier es wenigstens mal aus!«

Wulf ist zwar immer aus Prinzip gegen alles, was die anderen gut finden, aber er ist auch kein Spielverderber. Er ist zwar etwas zögerlich, aber schließlich findet auch er ein Kleid, das ihm gefällt. Es ist ganz schlicht und schwarz. Er dreht sich damit im Kreis. »Ja, also, es ist wirklich ganz nett«, gibt er zu. Insgeheim findet er sich in dem Kleid eigentlich ziemlich hübsch. Aber das würde er so vor den anderen niemals sagen.

»Was haltet ihr davon, wenn wir morgen unsere Verkleidungen in die Kita anziehen?«, schlägt Emma vor. Die anderen sind begeistert von der Idee. Nur Wulf ist heimlich ein

bisschen froh, dass er morgen einen Zahnarzttermin hat und deshalb nicht in die Kita muss.

Am nächsten Tag halten alle ihr Wort und kommen in ihren Röcken und Kleidern in die Kita. Otto hatte vorher etwas Herzklopfen. Ob wohl wieder irgendjemand irgendetwas gegen seinen Rock sagen würde? Aber im Gegenteil: Absolut niemand stört sich daran. Toni, der Erzieher, macht ihm sogar ein Kompliment für seinen Modegeschmack. »Was für ein schöner Rock, Otto!«, sagt er verzückt. »Morgen werde ich auch meinen Rock anziehen.«

»Deinen Rock?«, fragt Otto verdattert. »Ja! Ich komme aus Schottland, und dort tragen alle Männer Röcke.« Das wusste Otto bisher gar nicht.

Das muss ich unbedingt Lotti erzählen!, denkt Otto und lächelt.

Denn sie hatte mal wieder völlig recht: Warum sollen Hosen nur für Jungs und Röcke nur für Mädchen sein? Jeder sollte anziehen dürfen, was er oder sie möchte.

Von wegen #JungssachenUndMädchenkram –

Collien Ulmen-Fernandes, Carola Sieverding
Lotti & Otto Band 1
ab 4 Jahren | 32 Seiten
ISBN 978-3-96129-008-6

mit Lotti & Otto gegen Gechlechterklischees

Collien Ulmen-Fernandes, Carola Sieverding
Lotti & Otto Band 2
ab 4 Jahren | 32 Seiten
ISBN 978-3-96129-153-3